Gaby Mortan | Florian Mortan

Bestanden wird im Kopf!

Gaby Mortan | Florian Mortan

Bestanden wird im Kopf!

Von Spitzensportlern lernen und jede Prüfung erfolgreich bestehen

GABLER

Bibliografische Information der Deutschen Nationalbibliothek
Die Deutsche Nationalbibliothek verzeichnet diese Publikation in der Deutschen Nationalbibliografie; detaillierte bibliografische Daten sind im Internet über <http://dnb.d-nb.de> abrufbar.

1. Auflage 2009

Lektorat: Irene Buttkus

Gabler ist Teil der Fachverlagsgruppe Springer Science+Business Media.
www.gabler.de

Umschlaggestaltung: Germar Claus/www.freischuetz.eu
Bildnachweis: Titel © Stephen Coburn/fotolia.com –
S. 62 © istockphoto.com/topshotUK – S.82 © istockphoto.com/gregobagel –
S. 96 © istockphoto.com/rcaucino – S.122 © istockphoto.com/gregbrophy
Satz: N & N GdbR | Business & Communication, Mainz
Druck und buchbinderische Verarbeitung: Krips b.v., Meppel
Gedruckt auf säurefreiem und chlorfrei gebleichtem Papier
Printed in the Netherlands

ISBN 978-3-8349-1579-5

Vorwort

Mehr denn je müssen sich Menschen heutzutage Prüfungen unterziehen, beruflich oder privat, gezwungenermaßen oder freiwillig. Und meist gilt: *„Bestanden wird im Kopf!"*

Den Autoren gelingt es, die Themen „Lernen, Prüfungsvorbereitung und Prüfung" in ein neues Licht zu rücken. Sie knüpfen an Ergebnisse der Lernforschung an, die in den vergangenen Jahren Bedingungen erfolgreichen Arbeitens herausgestellt hat: Über Erfolg und Nichterfolg entscheiden neben Lernkompetenzen auch Motivation, Interesse, Aufmerksamkeit und Neugier.

Dr. Gaby Mortan und Florian Mortan zeigen – am Beispiel von bekannten Leistungssportlern –, wie man mit einer veränderten Haltung Prüfungserfolg ganz gezielt anstreben und erreichen kann. Sie zeigen praxisorientierte Erfolgsstrategien auf, die motivieren, das „Unternehmen Prüfung" mit Zuversicht und Begeisterung anzugehen.

Lassen Sie sich darauf ein!

Dr. Carsten Scherließ
Leiter des Gymnasiums und Schulsportzentrums
Liebigschule Gießen

Danksagung

Muhammad Ali sagte einmal, obwohl er derjenige war, der im Ring stand, konnte er nur als Teil eines Teams gewinnen.

Wir können das nur bestätigen, denn *Bestanden wird im Kopf!* wäre nicht das, was es ist, ohne die Hilfe von drei wundervollen Frauen.

Deswegen möchten wir uns an dieser Stelle bei diesen Frauen bedanken:

Frau Christine Proske von ARIADNE – für die Chance und das Vertrauen,

Frau Kathrin Nord – für die tollen Ideen und die vielen Stunden des Überarbeitens,

und schließlich Frau Irene Buttkus vom GABLER Verlag – für ihr Engagement, ihre Kreativität und ihre schier endlose Ausdauer.

Vielen Dank!

Gaby Mortan und Florian Mortan

Inhaltsverzeichnis

Eine Prüfung ist nicht nur ein Test

Je mehr wir lernen und verstehen, desto härter werden die Prüfungen, die uns auferlegt sind.[1]

[Muhammad Ali]

Sie haben dieses Buch aus einem ganz bestimmten Grund in die Hand genommen:

- Vielleicht sind Sie einfach neugierig, Sie wollen wissen, was sich hinter dem Titel verbirgt.
- Vielleicht stehen Sie kurz vor einer Prüfung. Sie wollen sich optimal vorbereiten und sind deshalb auf der Suche nach hilfreichen Strategien.
- Vielleicht macht Sie jedoch der Gedanke an die bevorstehende Prüfung fix und fertig.

Eines können wir Ihnen jetzt schon versprechen: Ganz gleich, aus welchem Grund Sie dieses Buch zur Hand genommen haben – wir werden Ihnen dazu verhelfen, Ihre Prüfung erfolgreich zu bestehen!

Wenn wir diesen Satz zu Beginn unserer Seminare aussprechen, können wir jedes Mal ein ungläubiges, aber erleichtertes Aufatmen förmlich spüren.

Allein das Wort Prüfung übt auf viele Menschen eine ganze Kette von negativen Gefühlen aus. Warum ist das so? Eine Prüfung ist nicht einfach nur ein Test, in dem Ihr Können abgefragt wird. Nein, eine Prüfung steht für viel mehr! Prüfung bedeutet:

- stundenlanges Lernen
- immer knapper werdende Zeit

1 Ali, Muhammad/Ali, Hana Yasmeen: *Mit dem Herzen eines Schmetterlings*, S. 153.

- Bücher wälzen, während der Rest der Welt scheinbar das Leben genießt
- Ihr Wissen wird auf den Punkt genau abgefragt
- das Ende eines Abschnitts

Und wenn die Prüfung nicht gelingt, dann heißt es oft: Noch mal von vorne beginnen!

Nahezu jeder muss im Laufe seines Lebens verschiedene Prüfungen ablegen. Ob in der Schule, in der Ausbildung, für den Führerschein, an der Uni, vielleicht aber auch bei einem Vortrag, einer Rede – Sie müssen Ihr Wissen und Können unter Beweis stellen. Sie stehen also plötzlich auf dem Prüfstand – Ihre Leistung wird begutachtet.

Dies ist eigentlich für jeden Menschen eine unangenehme und aufregende Situation. Sie könnten sich blamieren. Außerdem hängt von einer solchen Herausforderung meistens viel ab. Unter Umständen wird der weitere Werdegang blockiert. Da ist es kein Wunder, dass Sie sich unwohl fühlen und Ängste entwickeln.

Wie schön könnte das Leben ohne Prüfung sein? Wie gut geht es all den Menschen die (m)eine Prüfung nicht absolvieren müssen. Dies sind oft Gedanken von Menschen, die sich in der Vorbereitung auf eine Prüfung befinden.

Die Vorstellung, dass der enorme Lernstoff auch nur annähernd vollständig behalten werden kann, ist absurd. Wer kann so etwas von einem verlangen? Wie soll bei all den Belastungen eine solche Aufgabe überhaupt gelöst werden? Viele sehen sich angesichts eines solchen Anspruchs als hilfloses Opfer und fangen an, mit dem Schicksal zu hadern. Sie jammern, stöhnen und fühlen sich mit jedem Tag schlechter. Lebensfreude kennen diese Prüfungskandidaten überhaupt nicht mehr, denn das wahre Leben beginnt für sie erst wieder nach der Prüfung.

Dann fällt der Blick auf andere Studenten, Mitschüler oder Kollegen und es sieht aus, also ob alle anderen scheinbar mühelos lernen. Sie müssen offensichtlich gar nicht mit so vielen negativen Gefühlen kämpfen. Sie erscheinen viel klüger und erfolgreicher. Kein Wunder, dass einem selber nichts mehr gelingt. Dies ist der Zeitpunkt, an dem die eigene Intelligenz angezweifelt wird. Das Selbstwertgefühl sackt tief in den Keller. Die Selbstbewertung als Versager ist schnell zur Hand, Hilflosigkeit macht sich breit. Das Gefühl, Herr der Situation zu sein, ist verloren gegangen, während die Ausgrenzung vom Rest der Welt neu dazugekommen ist.

Wenn Menschen vor einer Prüfung stehen, lassen sich ganz unterschiedliche Verhaltensweisen beobachten:

- Manch einer bereitet sich gut vor. Er nimmt die Prüfung als Herausforderung an und versucht, sein Bestes zu geben.
- Andere nehmen die die Prüfung nicht richtig ernst. Sie schieben das Lernen immer weiter hinaus und finden tausend Begründungen, warum es sich heute nicht mehr lohnt, damit anzufangen.
- Dann gibt es Prüflinge, die planlos lernen. Sie sitzen zwar unzählige Stunden vor den Büchern, aber es bleibt nicht wirklich etwas hängen und der Lernerfolg will sich nicht einstellen.
- Bei einigen Prüflingen sieht es allerdings ganz anders aus. Hier löst das Wort Prüfung nicht nur negative Gedanken und Empfindungen aus, sondern diese werden auch noch von körperlichen und psychischen Symptomen wie Herzrasen, Magenkrämpfen, Schlaflosigkeit, Unkonzentriertheit, feuchten Händen und Ähnlichem begleitet. Das Erstaunliche: Die Wenigsten sehen einen direkten Zusammenhang zwischen diesen körperlichen Symptomen und ihrer bevorstehenden Prüfung.

Wenn die körperlichen und psychischen Symptome überhand nehmen, wird von Prüfungsangst gesprochen. Eine systematische Vorbereitung auf die Prüfung ist in einem solchen Fall meist nicht mehr möglich, denn der gesamte Organismus ist in einen dauerhaften Alarmzustand versetzt. Die Betroffenen sind nicht mehr in der Lage, sich sinnvoll zu entspannen, sie fühlen sich krank und elend. Der Gedanke an die bevorstehende Prüfung löst Vernichtungsgefühle aus und lässt ein Bestehen der Prüfung in weite Ferne rücken. Hoffnungslosigkeit und Verzweiflung machen sich breit.

Ganz gleich, zu welcher Gruppe Sie gehören – *Bestanden wird im Kopf!* wird Ihnen helfen, Ihre Prüfung erfolgreich zu bestehen.

Wir zeigen Ihnen, wie Sie

- Ihre Motivation steigern,
- Ihre Lernorganisation in den Griff bekommen,
- Ihre Ruhe auch in schwierigen Situationen bewahren,
- Ihre Höchstleistungen punktgenau abrufen können.

Bestanden wird im Kopf! wendet sich also an alle, die Ihre Leistungen in Prüfungssituationen verbessern und die Herausforderung Prüfung locker und effektiv angehen wollen.

Zur besseren Lesbarkeit wird im weiteren Verlauf des Textes die männliche Form genutzt. Weibliche Leser sind damit ausdrücklich einbezogen.

Prüfungsstress – Sie sind nicht allein!

Schon seit vielen Jahren beschäftigen wir uns professionell mit den Themen Stress, Angst und Herausforderungen. Im Laufe dieser Zeit konnten wir ein hochwirksames Konzept entwickeln, dass jedem helfen kann, bewusst, gelassen und optimal mit Herausforderungen jeglicher Art umzugehen. Wir arbeiten dabei mit den unterschiedlichsten Bildungseinrichtungen, Firmen und Sportmannschaften zusammen, und dies mit großem Erfolg. In unseren Seminaren können wir die faszinierende Wirksamkeit immer wieder feststellen.

So schrieb uns Claudia, eine Seminarteilnehmerin:

> Ich wollte mich noch einmal für den Prüfungsangstkurs bedanken. Es ist nicht übertrieben zu sagen, dass der Kurs mein Leben verändert und erleichtert hat. Ich gehe nun richtig gerne zur Uni und habe Freude am Lernen. Auch mit der Zeiteinteilung habe ich dank des Zeitplans kaum noch Probleme. Verlässt mich doch mal der Mut, sage ich natürlich „Stopp!" und sehe nochmals die Unterlagen aus dem Kurs durch. Seit dem Kurs habe ich jede Prüfung bestanden!

Als Claudia unseren Kurs besuchte, war sie zunächst eine verschüchterte und verängstigte Medizinstudentin, die an sich und ihren Fähigkeiten zweifelte. Die unzähligen Prüfungen, die ein Medizinstudium mit sich bringt, erschienen ihr wie ein unbezwingbarer Berg. Jegliche Lebensfreude war ihr abhanden gekommen, ihr Selbstwertgefühl war zerstört.

In unseren Seminaren begegnet uns eine Vielzahl der unterschiedlichsten Prüfungsangst-Symptome, denn Prüfungsangst wirkt sich bei jedem Menschen anders aus. Bei manchen machen sich die Beschwerden körperlich bemerkbar. Wie zum Beispiel bei Tim, einem anderen Medizinstudenten. Er litt vor jeder Prüfung an starkem Durchfall, so dass er nicht in der Lage war, überhaupt zur Prüfung zu erscheinen.

Steffan (Lehramtsstudent) wurde von extremer Schlaflosigkeit geplagt. Dies hatte zur Folge, dass er vollkommen ausgelaugt war und sich nicht mehr konzentrieren konnte.

Anna (Tiermedizin) hatte einen schlimmen und juckenden Hautausschlag. Madeleine (Sozialpädagogik) wurde von Migräne gequält.

Manche Teilnehmer erfahren Prüfungsangst eher psychisch. Lola, eine Studentin aus Kamerun, machte die Angst vor der Prüfung sehr aggressiv. Diese Aggressivität blockierte sie vollkommen. Sie haderte ständig mit ihrem Schicksal – ans Lernen war dabei nicht zu denken. Außerdem litten sehr viele unserer Seminarteilnehmer unter Konzentrationsstörungen und Blackout während der Prüfung. Die Betroffenen empfinden ihre Situation als ausweglos.

Doch nicht alle Prüflinge leiden unter Prüfungsangst. Für viele ist es eine Zeit, die sie einfach nur als aufregend und lästig empfinden.

Mit *Bestanden wird im Kopf!* werden auch sie ihre Prüfungsleistungen deutlich verbessern. In unseren Seminaren entwickeln die Teilnehmer wirksame Strategien, damit sie ruhig und gelassen mit Herausforderungen, vor allem aber mit Prüfungen, umgehen können. Sie werden systematisch dazu gebracht,

- ihr Leben selbst in die Hand zu nehmen,
- alle Herausforderungen zu analysieren,
- den Sinn dieser Herausforderungen zu erkennen,
- einen Plan zu entwickeln,

um sich anschließend verantwortungsvoll an diesen Plan zu halten und so die Herausforderung erfolgreich zu bewältigen.

Übrigens haben alle oben genannten Teilnehmer es geschafft, ihre Prüfungsangst-Symptome zu beseitigen und ihre Prüfung erfolgreich zu bestehen.

Von Spitzensportlern lernen

Bei unseren Forschungen über das optimale Herangehen an Herausforderungen sind wir sehr schnell auf den erfolgreichen Leistungssportler aufmerksam geworden. Wenn Sie den sportlichen Wettkampf und die Prüfungssituation genauer betrachten, können Sie viele Parallelen erkennen. Bei beiden

- bedarf es einer exakt geplanten Vorbereitung.
- wird Höchstleistung auf den Punkt genau gefordert.
- hängt für den Kandidaten sehr viel davon ab.

In Wettkämpfen des Spitzensports können Sie darüber hinaus auch noch etwas Erstaunliches feststellen: Der Spitzensportler schafft es während des Wettkampfs nicht nur, seine Höchstleistung auf die Sekunde genau abzurufen, er stellt unter diesen enorm stressbesetzten Bedingungen oft auch noch einen neuen Rekord auf. Er ist also nicht nur sehr gut, sondern er übertrifft in dieser Situation noch seine bisherigen Leistungen.

Dieses Phänomen können Sie immer wieder bei Sportlern beobachten. Sie schaffen es, unter extrem schwierigen Bedingungen Höchstleistungen bewusst und punktgenau abzurufen. Dabei übertreffen sie sich noch selbst.

Dies rief Sportpsychologen auf den Plan. Die Sportpsychologie beschäftigt sich mit der mentalen Seite des sportlichen Erfolgs und fragt, welche geistigen Fähigkeiten einen Wettkämpfer erfolgreich machen. Die Wissenschaftler wollten herausfinden, ob jeder erfolgreiche Sportler seine eigene Taktik hat oder ob sich bestimmte gemeinsame Strategien feststellen lassen. Das Ergebnis dieses Forschungsprojekts war eine Sensation. Es zeigte deutlich, dass erfolgreiche Sportler tatsächlich ganz bestimmte gemeinsame Strategien anwenden.

Die Untersuchung stellte darüber hinaus fest, dass die mentale Vorbereitung genau so wichtig ist wie das körperliche Training. Die Sportler, die es schaffen, mentale Strategien konsequent anzuwenden, sind eindeutig erfolgreicher als diejenigen, die Ihren Fokus nur auf ein rein körperliches Training legen.

! Denken Sie daran:

Gewonnen wird im Kopf! Nur wer im Kopf ein Sieger ist, kann schließlich auf dem Siegertreppchen stehen.

Die Erkenntnisse aus der Sportpsychologie lassen sich sehr gut auf andere Lebensbereiche übertragen. Insbesondere in Prüfungssituationen sind die Strategien von Spitzensportlern ausgesprochen hilfreich.

Aus diesem Grund haben wir sieben erfolgreiche Spitzensportler ausgewählt. An ihren Beispielen werden Sie sehen, wie Sie

- sich systematisch auf eine Prüfung vorbereiten.
- mentale Strategien entwickeln.
- Höchstleistungen bewusst und punktgenau abrufen.
- sich selbst auch unter extrem schwierigen Bedingungen übertreffen.
- mit Niederlagen umgehen.
- gelassen bleiben.
- sich selbst immer wieder neu motivieren.

Die Auswahl der sieben Ausnahmesportler stützt sich im Wesentlichen auf zwei Kriterien:

- ihre herausragenden Leistungen
- die Bewältigung ganz besonderer Herausforderungen.

Eine weitere wesentliche Rolle für die Auswahl spielten Dokumentation und Verfügbarkeit der biografischen Quellen.

Jürgen Klinsmann

ist einer der erfolgreichsten deutschen Fußballspieler. Von 1987 bis 1998 spielte er in der deutschen Nationalmannschaft, mit der er 1990 Weltmeister und 1996 Europameister wurde. Mehrmals war er Fußballer des Jahres. Auf Vereinsebene spielte er in Deutschland, Italien, Frankreich, England und den USA. 2004 übernahm er das Amt des deutschen Fußballbundestrainers. Seine neuartigen Trainingsmethoden wurden auf das Schärfste kritisiert. Trotzdem ging er nicht von seinem Weg ab und führte die deutsche Mannschaft auf den dritten Platz bei der Weltmeisterschaft 2006.

Was mich geprägt hat, war der eigene Drang, etwas zu bewegen. Dieser Druck wurde dir nicht von außen gegeben, diesen Druck musstest du dir selbst geben: etwas erreichen zu wollen, einen Titel zu gewinnen und in Europa eine wichtige Rolle zu spielen.[2]

[Jürgen Klinsmann]

Franziska van Almsick

ist eine deutsche Schwimmerin und mehrfache Welt- und Europameisterin. Bereits mit 14 Jahren gewann sie bei den olympischen Spielen 1992 vier Medaillen. Durch ihre offene Art wurde sie sehr schnell von der Öffentlichkeit geliebt und wie ein Popstar gefeiert. Immer wieder stellte sie neue Weltrekorde auf und errang Goldmedaillen bei Welt- und Europameisterschaften. Mehrfach wurde sie zur Sportlerin des Jahres gewählt. Nach einem Leistungseinbruch wurde sie allerdings von der Öffentlichkeit und der Presse verhöhnt. Franziska van Almsick ließ sich jedoch nicht von ihrem Weg abbringen. Gestärkt von ihren zahlreichen Erfolgen, trainierte sie unerbittlich weiter. So schaffte sie ein außergewöhnliches Comeback, das ihr bei den Schwimm-Europameisterschaften 2002 fünf Goldmedaillen und einen neuen Weltrekord bescherte.

Es war eine große Veränderung und ein großes Wagnis, mit dem gegenteiligen Gefühl zu starten, im Bewusstsein der tiefen Ruhe und Kraft. Ich habe es gelernt, mich in diesen Zustand zu versetzen. Während der Europameisterschaft 2002 habe ich diese Technik angewendet und bin reich dafür belohnt worden.[3]

[Franziska van Almsick]

---

2 Mende, Jens: *Jürgen Klinsmann. Wie wir Weltmeister werden*, S. 70.

3 van Almsick, Franziska: *Aufgetaucht,* S. 117.

Muhammad Ali (Cassius Clay)

ist ein amerikanischer Boxer. Er wird von vielen als der größte Schwergewichtsboxer aller Zeiten betrachtet und gilt als herausragender Athlet des 20. Jahrhunderts. Im Jahr 1999 wurde er vom Internationalen Olympischen Komitee zum Sportler des Jahrhunderts gewählt. Sein Markenzeichen waren seine provokanten Äußerungen und sein großes Selbstbewusstsein. Auch außerhalb des Boxrings sorgte Ali für Schlagzeilen. Er lehnte öffentlich den Vietnamkrieg ab und unterstützte die Gleichberechtigungsbewegung der Afroamerikaner in den 60er Jahren. Dies brachte ihm nicht nur Freunde, sondern auch eine Menge Feinde ein. Für mehrere Jahre wurde er aufgrund der Kriegsdienstverweigerung vom Boxverband gesperrt. Danach brauchte er einige Anläufe, um wieder für mehrere Jahre Schwergewichtsweltmeister zu werden.

Das Geheimnis des Lebens besteht darin, dass man etwas erreichen will. Wenn dieses Verlangen fehlt, hat das Leben keinen Sinn.[4]

[Muhammad Ali]

Hermann Maier

ist einer der erfolgreichsten Skirennläufer aller Zeiten. Der aus Österreich stammende Skifahrer wurde dreimal Weltmeister, zweimal Olympiasieger, gewann viermal den Gesamtweltcup, zweimal den Disziplinenweltcup in der Abfahrt, fünfmal den Super-G und dreimal den Riesenslalom.

Dabei wurde Maiers Karriere von zahlreichen spektakulären Hindernissen begleitet. In seiner Jugend litt er unter einer Wachstumsstörung. Im Jahr 2001 wäre es durch einen schweren Motorradunfall beinah zur Amputation seines Beines gekommen. Trotzdem schaffte er es zwei Jahre später, den Gesamtweltcup wieder für sich zu entscheiden.

4 Ali, Muhammad/Ali, Hana Yasmeen: *More Than A Hero,* S. 70.

Es gibt viele Wege, die nach oben führen.
Du musst deinen nur finden und dahinter stehen.
Die nötige Portion Egoismus kann dabei nicht schaden.[5]

[Hermann Maier]

Steffi Graf

ist eine deutsche Tennisspielerin und gilt als eine der besten und erfolgreichsten Persönlichkeiten der Sportgeschichte. Sie gewann 22 Grand-Slam-Turniere und war insgesamt 377 Wochen lang die Nummer Eins der Tennis-Weltrangliste. 1988 siegte sie bei allen vier Grand-Slam-Turnieren sowie den Olympischen Spielen und gewann so als bisher einzige Person den Golden Slam. Trotz eines starken Knieleidens, zahlreicher Verleumdungen und Anfeindungen seitens der Presse verfolgte sie siegesbewusst ihre Karriere.

Erfolge sind immer das Ergebnis einer Entwicklung;
sie sind nicht einfach da.[6]

[Steffi Graf]

Boris Becker

ist ein deutscher Profi-Tennisspieler. Er siegte bei insgesamt 49 Turnieren im Einzel, darunter sechsmal im Grand Slam und dreimal in Wimbledon, und gewann 15 Titel im Doppel. Becker war mit 17 Jahren der jüngste Wimbledon-Sieger aller Zeiten. Er zeichnete sich durch besonderen Kampfgeist und Siegeswillen

5 Maier, Hermann/Okresek, Knut: *Das Rennen meines Lebens,* S. 389.

6 Graf, Stefanie/Schmidt, Karlheinz: *Wege zum Erfolg,* S. 10.

aus. Auch er musste im Lauf seiner Karriere mit Anfeindungen seitens der Medien und der Öffentlichkeit kämpfen.

> Ich habe in jedem Match irgendwann eine Mauer erreicht
> und bin darüber gesprungen –
> Konzentration, Wille hat sie mich überwinden lassen.[7]
>
> **[Boris Becker]**

Michael Schumacher

ist ein deutscher Formel-1-Rennfahrer. Er ist nach seinem siebenmaligen Gewinn der Formel-1-Weltmeisterschaft der erfolgreichste Pilot dieser Rennserie und hält darin fast alle Rekorde. Sein Ehrgeiz wurde zu seinem Markenzeichen. Er schaffte es oft, aus hoffnungslosen Positionen doch noch einen Sieg zu erringen. So fuhr er Ferrari im Jahre 2000 nach vierjähriger Anlaufzeit wieder zum Weltmeistertitel. Diesen ersten Platz gab er dann auch für die nächsten vier Jahre nicht mehr her.

> Wenn ich merke, dass es nicht so geht, wie es sollte,
> kommt in mir der Optimismus auf.[8]
>
> **[Michael Schumacher]**

Diese sieben Ausnahmesportler stehen stellvertretend für alle erfolgreichen Sportler. Sie, als Prüfungskandidat, können die mentalen Strategien dieser lebenden Sportlegenden für Ihre Vorbereitung und zum erfolgreichen Bestehen Ihrer Prüfung nutzen.

---

7 Becker, Boris: *Augenblick, verweile doch ...*, S. 256.

8 Schumacher, Michael/Kehm, Sabine/Comte, Michel: *Michael Schumacher,* S. 80.

Ein hervorragendes Beispiel: Mentales Training bei der deutschen Fußballnationalmannschaft

Obwohl die deutsche Mannschaft 2002 bei der WM in Südkorea und Japan Vizeweltmeister wurde, war ihr Ruf sehr schlecht. Dies wurde 2004 durch das Vorrundenaus bei der Europameisterschaft noch verstärkt. Streit und Schuldzuweisungen waren auf der Tagesordnung. Der deutsche Fußball war am Boden.

Nach dem Rücktritt von Rudi Völler übernahmen Jürgen Klinsmann und Joachim Löw 2004 das Amt des Bundestrainers. Klinsmann brachte die neuesten sportpsychologischen Erkenntnisse aus den USA mit. Er selber hatte im Laufe seiner erfolgreichen Karriere viele Höhen und Tiefen erlebt. Er wusste deshalb aus eigener Erfahrung, was es heißt, für den Erfolg zu kämpfen und mit Niederlagen umzugehen.

> Meine Aufgabe ist es, das Selbstbewusstsein der Spieler zu entwickeln.
> Ihnen zu zeigen, dass ich an das Team und seine Stärke glaube.
> Damit sie Selbstbewusstsein entwickeln können,
> um an den Grenzen ihrer Möglichkeiten zu spielen.[9]
>
> **[Jürgen Klinsmann]**

Die Nationalmannschaft wurde vollkommen neu aufgestellt. Stammspieler wurden aus der Mannschaft genommen, sehr junge und unerfahrene Spieler bekamen nun eine Chance. Die Trainingsmethoden wurden durchleuchtet und auf ihre Effektivität hin überprüft. Die Fitness sämtlicher Spieler wurde getestet und in Frage gestellt. Das neue Trainerteam stellte eine Vielzahl von Experten ein, um ein ausgetüfteltes Konzept für die neue Nationalmannschaft zu erarbeiten. Physiotherapeuten, Fitnesstrainer, Sportpsychologen sorgten dafür, dass nichts so blieb, wie es war.

9 Horeni, Michael: *Klinsmann: Stürmer Trainer Weltmeister,* S. 30.

Klinsmanns Methoden wurden jedoch sehr stark von der Presse und der Öffentlichkeit in Frage gestellt. Diese neuen, ungewöhnlichen und teilweise rigorosen Veränderungen machten Angst. Die Spieler mussten sich erst an den Gedanken gewöhnen, durch Psychologen betreut zu werden. Darüber hinaus fühlten sich die Bundesligatrainer durch diese neuen Trainingsmethoden angegriffen.

> Viele Spieler wollten sich von Psychologen keinen Rat holen, weil sie dies als Zeichen von Schwäche werten.[10]

> Wir geben den Spielern Hilfe zur Selbsthilfe. Sie müssen lernen, selbst zu handeln, denn nur solche Persönlichkeiten sind in der Lage, beispielsweise ein verloren geglaubtes Spiel nochmals umzudrehen. Wir wollen den mündigen Spieler.[11]

[Jürgen Klinsmann]

Trotz aller Widerstände gelang es Klinsmann, den jungen Spielern eine Siegermentalität zu vermitteln. Er schaffte es, aus einer Gruppe junger Menschen eine echte Mannschaft zu bilden, die ein gemeinsames Ziel verfolgte. Obwohl sie ständig von außen kritisiert wurden, glaubten sie an ihren Sieg. Sie waren bereit, für diesen Sieg zu kämpfen und unbeirrbar ihren Weg zu gehen.

Auch wenn die Nationalmannschaft letztendlich ihr Endziel Weltmeister zu werden knapp verfehlte, so hat sie es doch geschafft, „Weltmeister der Herzen" zu werden.

Genau diese Siegermentalität und das richtige Selbstvertrauen möchten wir Ihnen vermitteln. Wir möchten Sie dazu bringen, bewusst und ganz gezielt Ihre Höchstleistungen abrufen zu können. Außerdem wollen wir Ihnen Ihre Lebensfreude und den Spaß an Herausforderungen zurückbringen. Leben bedeutet Abenteuer – und jedes Abenteuer besteht aus Herausforderungen. Nur wer sich voller Elan und Freude an eine Herausforderung wagt, wird auf Dauer erfolgreich sein.

---

10 Horeni, *Michael: Klinsmann: Stürmer Trainer Weltmeister,* S. 282.

11 Mende, Jens: *Jürgen Klinsmann. Wie wir Weltmeister werden,* S. 42.

Aus unserem Seminaralltag

In unseren Seminaren erleben wir immer wieder, welch verblüffende Veränderungen durch die Anwendung der Sportler-Strategien bei unseren Teilnehmern in allerkürzester Zeit zu beobachten sind. Aus verzweifelten jungen Menschen werden Kämpfernaturen und Sieger.

Die Seminarteilnehmerin Lola stammte aus Kamerun und studierte Medizin. Sie wollte von ganzem Herzen Gynäkologin werden. Mit viel Elan und guten Leistungen hatte sie um den begehrten Studienplatz in Deutschland gekämpft und schließlich voller Stolz ihr Studium begonnen. Dann fiel sie durchs Physikum. Ihr Ehrgeiz erhielt einen ersten Dämpfer. Zu ihrem Entsetzen fiel sie auch ein zweites Mal durch das Physikum. Sie wusste, dass sie jetzt nur noch eine Möglichkeit hatte, die Prüfung zu wiederholen. Ihr Ehrgeiz verwandelte sich nun in Hass. Sie hasste Deutschland, sie hasste die Uni, sie hasste die Prüfer. Voller Zorn schimpfte sie über die Zustände in Deutschland – am liebsten wollte sie sofort in ihre Heimat zurück.

Während des Seminars vollzog sich eine verblüffende Wandlung in Lola. Nach und nach erkannte sie ihre bisherigen Fehler. Ihre Bewertungen in Bezug auf Deutschland, die Uni, die Prüfer, besonders aber in Bezug auf Ihre Lernfähigkeit und die Prüfung waren extrem zerstörerisch geworden. Systematisch arbeitete sie an ihren Bewertungen. Sie entdeckte dadurch, welche Macht sie selbst über ihr Leben haben kann. Aus der hasserfüllten und aggressiven Frau wurde schließlich wieder ein strahlendes Wesen voller Tatendrang. Ihre Prüfung bestand sie mit Bravour!

Bestanden wird im Kopf! – das Konzept

Viele erfolgreiche Spitzensportler wissen: „Gewonnen wird im Kopf!" Das heißt, der erfolgreiche Sportler entwickelt sich zuerst zum mentalen Sieger. Damit schafft er die grundlegende Vorrausetzung dafür, auf das Siegertreppchen zu steigen.

Für Sie als Prüfungskandidat gilt dasselbe: *Bestanden wird im Kopf!* Wenn Sie Ihre Prüfung erfolgreich bestehen wollen, müssen Sie als Erstes zum mentalen Sieger werden. Wie Sie das schaffen, erfahren und erarbeiten Sie mit *Bestanden wird im Kopf!*. Eines ist sicher: Mit Hilfe der sieben Strategien, die wir Ihnen mit diesem Buch vermitteln, werden Sie innerhalb kürzester Zeit zum mentalen Sieger.

Bestanden wird im Kopf! Ist deshalb so wirksam, weil Sie die Strategien der Spitzensportler durch Arbeitsbögen und einzelne Aufgaben immer direkt auf Ihre eigene Situation übertragen. Somit verinnerlichen Sie diese Strategien effektiv und wenden sie auf Ihre Herausforderung, die Prüfung an.

Nachfolgend der Weg, den Sie mit *Bestanden wird im Kopf!* gehen, um Ihre Prüfung erfolgreich zu meistern:

Strategie I – Die Erkenntnis: Sie erkennen, wie Sie das Wissen über Körper und Geist optimal nutzen. In der Prüfungszeit verlangen Sie von Ihrem Körper und Geist Höchstleistung. Deswegen erfahren Sie hier, wie Sie beide bestens unterstützen können.

Strategie II – Die Zielarbeit: Sie werfen einen Blick in Ihre eigene erfolgreiche Zukunft und legen Ihr Ziel fest. Mit diesem Ziel vor Augen wissen Sie immer, dass sich die Mühsal des Lernens lohnt.

Strategie III – Das Erfolgsbewusstsein: Sie schauen in Ihre eigene Vergangenheit und forschen genau nach Erfolgen, die Sie bereits erlebt und erreicht haben. Welche Eigenschaften haben Sie für diese Erfolge an den Tag gelegt? Sie werden entdecken, dass Sie das Zeug zum Sieger schon oft gezeigt haben.

Strategie IV – Die Fehleranalyse: Sie beschäftigen sich mit Ihren Fehlern. An dieser Stelle haben Sie das nötige Selbstbewusstsein, sich mit den Dingen zu beschäftigen, die nicht so gut gelaufen sind und die verbessert werden können. Nur wenn Sie Ihre Schwachstellen kennen, können Sie an ihnen arbeiten.

Strategie V – Der Trainingsplan: Sie überlassen nichts dem Zufall und planen Ihre Herangehensweise an die Herausforderung Prüfung wie ein Spitzensportler. Dadurch wissen Sie immer, wo Sie gerade stehen und Sie werden von unerwarteten Ereignissen nicht aus der Bahn geworfen.

Strategie VI – Die Hindernisse: Sie kennen die Hindernisse, die sich vor Ihnen auftun können und gehen mit ihnen effektiv um. Nichts kann Sie mehr aufhalten!

Strategie VII – Das Ziel: Sie bestehen Ihre Prüfung erfolgreich, weil Sie die Techniken kennen, Höchstleistung punktgenau abzurufen. Außerdem sind Sie ruhig und gelassen, denn Sie wissen, dass Sie ein Sieger sind.

> Ich muss trainiert sein, muss eine Strategie haben,
> ein Ziel, wissen, was ich erreichen will,
> muss über Kraft, Willen und Selbstbewusstsein verfügen.[12]
>
> **[Boris Becker]**

Ein positiver Nebeneffekt: Wenn Sie *Bestanden wird im Kopf!* auf Ihr eigenes Leben anwenden, werden Sie nicht nur Ihre Prüfung erfolgreich bestehen, sondern darüber hinaus auch mehr Erfolg und Freude in Ihr Leben bringen.

12 Becker, Boris: *Augenblick, verweile doch ...*, S. 129.

Zum Umgang mit diesem Buch

Damit Sie *Bestanden wird im Kopf!* zu diesem Ziel führt und Sie einen optimalen Nutzen daraus ziehen können, ist es von äußerster Wichtigkeit, dass

- Sie sich an alle Anweisungen halten.
- Sie sämtliche Arbeitsbögen immer dann ausfüllen, wenn Sie dazu aufgefordert werden.
- Sie einen kritischen Blick auf Ihr Leben werfen und ehrlich mit sich selbst sind.

Die Arbeitsbögen finden Sie im Anhang ab Seite 155. Wenn der Text auf einen Arbeitsbogen verweist, symbolisiert das Männchen Ihre Bearbeitungsphase. Unterbrechen Sie an dieser Stelle Ihre Lektüre, füllen Sie den Bogen sorgfältig aus und lesen Sie erst anschließend wieder weiter.

! Denken Sie dran:

Das Wichtigste ist Ihr persönlicher Wille zur Veränderung. Nur wer sich wirklich verändern will, wird tatsächlich einen Nutzen aus diesem Buch ziehen.

Strategie I: Die Erkenntnis

Wie Sie das Wissen über Körper und Geist optimal nutzen

Niemand steht sofort an der Spitze.
Man muss sich den Weg nach oben erarbeiten.
Manche Berge sind höher als andere, manche Straßen steiler.
Es gibt Entbehrungen und Rückschläge,
durch die man sich aber nicht aufhalten lassen darf.
Selbst auf der steilsten Straße sollte man nicht umkehren,
sondern den Weg nach oben fortsetzen.[13]

[Muhammad Ali]

Eigenverantwortung – Die Basis des Erfolgs

Ein Sportler, der Erfolge feiern will, ist sich bewusst, dass der Weg zum Ziel steinig und schwer sein wird. Er weiß, dass der Erfolg sich nicht von selbst einstellen wird, sondern dass er dafür sehr hart trainieren muss. Deshalb arbeitet jeder Sportler mit einem auf ihn abgestimmten Trainingsplan – der Erfolg wird also bis in die letzte Einzelheit systematisch und kontinuierlich geplant.

---

13 Ali, Muhammad/Ali, Hana Yasmeen: *Mit dem Herzen eines Schmetterlings,* S. 181.

Um einen solchen Plan erstellen zu können, muss er zunächst einmal zahlreiche Informationen sammeln: Wie funktioniert sein Körper? Wie sehen die Zusammenhänge zwischen Körper und Geist aus? Mit diesem Wissen kann er dann gezielt sein persönliches Management in die Hand nehmen und zu seinem Vorteil nutzen.

Durch den Einsatz dieser Erkenntnisse ist der Sportler also in der Lage, Höchstleistungen systematisch und konsequent vorzubereiten und im entscheidenden Moment zu erbringen. Außerdem übernimmt der Sportler so die Verantwortung für sein Tun. Diese Eigenverantwortung ist ein maßgeblicher Bestandteil für einen gezielten Erfolg, ganz gleich ob es sich um einen Wettkampf handelt oder eine Prüfung. Mit diesem Appell an die Eigenverantwortung überzeugte und motivierte auch Jürgen Klinsmann die junge Fußball Nationalmannschaft.

> Ich motiviere durch Informationen, die dann zu einer Haltung führen.
> Das ist etwas, was ich als Spieler nie erfahren habe.
> Ich hatte zwar tolle Trainer und habe sicher von jedem Trainer etwas
> gelernt, aber ich hatte eigentlich nie Trainer, die gesagt haben,
> warum man etwas tut. Warum soll ich diese spezielle Arbeit machen,
> was ist das Ziel davon? ... Unser Endwunsch ist,
> dass sich der Athlet das irgendwann selbst auf die Fahne schreibt:
> Ich mache diese Übung, um dieses Ziel zu erreichen.[14]

[Jürgen Klinsmann]

Diese Informationssammlung ist auch für Sie als Lernender wichtig. Nur wenn Sie wissen, wie Körper und Geist funktionieren, können Sie beide verantwortungsbewusst und optimal in ihrer Arbeit unterstützen. Denn die Prüfungszeit ist eine Zeit, in der Höchstleistung gefordert wird. Damit auch Sie Höchstleistung gezielt abrufen können, folgt nun ein kurzer Exkurs über den menschlichen Körper.

---

14 Horeni, Michael: *Klinsmann: Stürmer Trainer Weltmeister*, S. 37.

Körper und Geist – Was Sie über sich wissen müssen

Im menschlichen Körper sind alle Funktionen aufeinander abgestimmt. Jede Funktion hat ihren besonderen Sinn und wirkt sich auf den gesamten Organismus aus. Körperliche und geistige Vorgänge hängen von einander ab und beeinflussen sich gegenseitig. Ihre Gedanken wirken sich zum Beispiel auf Ihren Körper aus. Dies können Sie gut beobachten, wenn Sie an ein schönes Erlebnis oder an einen persönlichen Erfolg denken – dann ist Ihre Körperhaltung offen und gestreckt. Umgekehrt beeinflusst Ihre Körperhaltung Ihre Gedanken. Beobachten Sie sich einmal und schauen Sie was passiert, wenn Sie sich aufrichten und die Schultern zurücknehmen – Sie werden merken, dass Ihre Gedanken anfangen, sich positiv zu verändern. In dieser Siegerhaltung ist es schwer, Gedanken an die eigene Schwäche zu hegen.

Diese körperlichen und geistigen Zusammenhänge befinden sich in einem immerwährenden Wechselspiel.

Bewusstsein und Unterbewusstsein

Sie müssen unterscheiden zwischen dem Bewusstsein und dem Unterbewusstsein. Das Bewusstsein können Sie als Sammelbegriff für Ihre Wahrnehmungen, Gedanken, Vorstellungen und Bedürfnisse bezeichnen, soweit sie Ihnen bewusst sind. Es ist sozusagen die Steuerungszentrale. Es gibt die Befehle und bestimmt die Richtung. Mit Ihrem Bewusstsein treffen Sie also Ihre Entscheidungen, stellen Dinge in Frage und bewerten Situationen.

Informationen erhält das Bewusstsein über Ihre fünf Sinne. Dadurch sind Sie in der Lage zu lernen, zu beobachten und sich weiter zu entwickeln.

Das Unterbewusstsein hingegen steuert sämtliche physischen Funktionen, wie den Herzschlag, die Verdauung und sämtliche anderen Organe. Es ist dafür verantwortlich, dass Ihr Körper funktioniert, ohne dass Sie dies bewusst wahrnehmen.

Somit macht Ihr Unterbewusstsein niemals eine Pause und setzt unermüdlich alles daran, Ihr Leben zu schützen.

Das Unterbewusstsein ist auch der Sitz Ihrer Erinnerungen und Gefühle. Es prägt sich Denkgewohnheiten ein und ruft sie bei Bedarf ab.

Dabei ist das Unterbewusstsein nicht in der Lage, ein Für und Wider abzuwägen, sondern nimmt sozusagen alles als Wahrheit an. Es kann also nicht zwischen Realität und Fantasie unterscheiden. Außerdem überprüft es nicht, ob Ihre Gedanken hilfreich oder destruktiv sind, sondern es setzt alles daran, diese Gedanken auf der Verhaltensebene in die Tat umzusetzen. Wenn Sie also immer wieder zu sich selbst sagen: „Ich bin ein schlechter Lerner!", dann wertet Ihr Unterbewusstsein dies als Tatsache und aktiviert das entsprechende Verhalten.

! Denken Sie daran:

Ihr Unterbewusstsein wird in vielen Bereichen durch Ihr Bewusstsein geprägt.

Funktionsschema Mensch

Vereinfacht dargestellt funktioniert der Mensch immer nach dem gleichen Schema:

1. Sie treffen auf eine **Situation**.
2. Sie nehmen eine Einschätzung oder **Bewertung** der Sachlage vor.
3. Aus dieser Bewertung entsteht Ihre **Emotion**.
4. Auf Grund dieser Emotion entsteht Ihr **Verhalten**.

Dieses Verhalten können Sie in beobachtbares und nicht beobachtbares Verhalten aufgliedern. Also:

Situation → Bewertung → Emotion → Verhalten

Alles, was Sie mit Ihren fünf Sinnen wahrnehmen, verarbeitet Ihr Gehirn nach diesem Schema. Alles, was Sie sehen, hören, riechen, schmecken oder fühlen wird bewertet. In jedem Augenblick Ihres Lebens bewertet und speichert Ihr Gehirn die Erlebnisse und Erfahrungen und sortiert diese danach, ob sie positiv, negativ oder neutral für Sie sind. Nach diesem Schema verläuft Ihr gesamtes Leben. Ständig treffen Sie auf Situationen und nehmen blitzschnell eine Bewertung vor, ohne dass Ihnen dies wirklich bewusst ist. Aus dieser Bewertung heraus entsteht Ihre Emotion und daraus Ihr Verhalten.

Zu Beginn Ihres Lebens erfolgten Ihre Bewertungen weitestgehend über Ihre Bezugspersonen. Sie beobachteten die Reaktionen der Eltern, Geschwister, Großeltern, Lehrer usw. und richteten Ihre Bewertung danach aus. An einem einfachen Beispiel können Sie gut erkennen, wie der Mensch schon in frühester Kindheit nach diesem Schema funktioniert:

Die kleine Laura ist mit ihrer Mutter zusammen. Plötzlich läuft eine Maus durch das Zimmer.

Möglichkeit 1:

1. Laura sieht die Maus **(Situation)**.
2. Sie findet die Maus putzig, denn sie hat ein süßes kleines Näschen und bewegt sich so flink **(Bewertung: Maus ist süß)**.
3. Laura freut sich **(Emotion: Freude)**.
4. Sie klatscht in die Hände, sie will die Maus fangen **(beobachtbares Verhalten)**.

Es kann sein, dass sich Laura durch diese einmal vorgenommene Bewertung zu einer Tierliebhaberin entwickelt. Immer, wenn sie eine Maus sehen wird, wird sie auf diese Ursprungsbewertung zurückgreifen. Dies tut sie so lange, bis eine veränderte Situation auftritt, die eine neue Bewertung erfordert.

Es kann aber auch sein, dass in genau derselben Situation folgendes passiert:

Möglichkeit 2:

1. Laura sieht die Maus, ihre Mutter schreit auf und springt auf den Tisch **(Situation)**.
2. Laura beobachtet die Reaktion ihrer Mutter **(Bewertung: Maus muss gefährlich sein)**.
3. Laura hat Angst **(Emotion: Angst)**,
4. Laura weint, sie will auf den Arm der Mutter, sie hat Herzklopfen **(beobachtbares und nicht beobachtbares Verhalten)**.

Auch hier besteht die Möglichkeit, dass Laura nun in Zukunft bei jeder Maus, die ihr begegnet, immer das gleiche Verhalten an den Tag legen wird. Sie wird die Bewertung so lange nicht in Frage stellen, bis sie dieses Verhaltensmuster stört.

Im Sport sieht es ganz genau so aus. Der so genannte Angstgegner entsteht nach demselben Muster:

1. Ein Tennisspieler spielt gegen einen Gegner, der in der Rangliste höher steht **(Situation)**.
2. Der Tennisspieler bewertet: „Er ist viel besser als ich!" **(Bewertung)**.
3. Er verspürt Angst **(Emotion)**.
4. Der Tennisspieler blockiert sich selber und verliert zwangsläufig **(Verhalten)**.

Solange dieser Tennisspieler seine Bewertung nicht verändert, sind die Niederlagen wahrscheinlich.

Auch Prüfungsängste entstehen so:

1. Sie machen irgendwann eine schlechte Erfahrung in Bezug auf Prüfungen **(Situation)**. Dies kann schon ein eigentlich nichtiges Ereignis gewesen sein: Sie waren vielleicht ein

nicht so fleißiger Schüler und haben sich tatsächlich einmal schlecht auf eine Prüfung vorbereitet. Oder vielleicht hat der Prüfer einmal eine negative Bemerkung gemacht oder Ihnen ist im Zusammenhang mit einer Prüfung irgendein Missgeschick unterlaufen.

2. In der Folge bewerten Sie die Prüfung für sich als kaum oder gar nicht lösbar **(Bewertung)**.
3. Sie fühlen sich hilflos, schlecht, ausgeliefert – es entsteht Angst **(Emotion)**.
4. Sie blockieren sich und es kommt zum Beispiel zu Konzentrationsstörungen oder einem Black Out **(Verhalten)**.

Diese in der Vergangenheit gemachte Erfahrung hat zur Folge, dass Sie immer dann, wenn Sie an Prüfungen denken oder wenn Sie sich auf Prüfungen vorbereiten wollen, unbewusst das gleiche Programm abspulen.

! Denken Sie daran:

Prüfungsängste entstehen durch ungeeignete Bewertungen, die ein schematisiertes Verhalten nach sich ziehen!

Wie aber kommt es dazu?

Entstehung von Verhaltensmustern

Forscher gehen davon aus, dass der Mensch täglich bis zu 60.000 Bewertungen vornimmt. Da Sie aber im Laufe Ihres Lebens auf immer wiederkehrende Situationen treffen, tritt nun ein Gewohnheitsprozess ein. In jeder Situation überprüft Ihr Unterbewusstsein blitzschnell, ob Sie mit dieser Situation schon in Berührung gekommen sind oder etwas darüber wissen. Haben Sie eine ähnliche Situation schon einmal erlebt, bewertet es die Situation automatisch nach demselben Schema.

Sie nehmen also in ähnlichen Situationen keine neuen Bewertungen mehr vor, sondern greifen auf bereits gemachte Bewertungen zurück. Dadurch entstehen Ihre Überzeugungen, Gewohnheiten oder so genannten Glaubenssätze, die nun Ihr Verhalten bestimmen.

Unsere „Schubladen"

In Ihrem Unterbewusstsein richten Sie sozusagen Schubladen mit einmal vorgenommenen Bewertungen ein. Diese Schubladen öffnen Sie je nach Bedarf und spulen Ihr Programm ab, ohne die einmal gemachte Bewertung noch in Frage zu stellen. Schauen wir uns einige Beispiele für solche Schubladen an:

Eigenes Aussehen „Ich bin zu dick!"	**Eigene Intelligenz** „Ich bin nicht so intelligent."	**Eigene Lernfähigkeit** „Ich kann einfach nichts behalten."
Prüfer „Der Prüfer kann mich nicht leiden!"	**Schule** „Ich hasse die Schule!"	**Lehrer** „Lehrer sind doof!"
Deutsch „Hier bin ich top!"	**Mathematik** „Verstehe ich überhaupt nicht."	**Eltern** „Ich liebe meine Eltern."
Eigene Konzentration „Ich kann mich nicht konzentrieren."	**Prüfung** „Das kann ich nicht schaffen!"	**Geschwister** „Mein Bruder ist ein Blödmann!"
Wettkampf „Ich verliere immer gegen ihn."	**Eigene Fitness** „Ich bin sportlich."	**Freunde** „Meinen Freunden kann ich vertrauen."

Dies sind nur einige Beispiele von einmal gemachten Erfahrungen und Bewertungen. Sie haben sich eine Meinung gebildet. An dieser Meinung wird so lange nicht gerüttelt, bis eine stark emotional besetzte neue Situation diese alte Bewertung in Frage stellt – oder Sie ganz bewusst an diesen Schubladen arbeiten.

Positive Schublade

Aufgrund Ihrer Schubladen entwickeln Sie also ein Verhaltensmuster, das nach immer gleichen Regeln abgespult wird, ohne dass Sie diese Regeln noch in Frage stellen. Dies verschafft Ihnen im Alltag dann eine große Erleichterung, wenn Sie auf positive Erfahrungen zurückgreifen können, denn positive Bewertungen ziehen positive Gefühle nach sich – Ihr Verhalten ist dadurch offen, neugierig und wissbegierig.

Negative Schublade

Haben Sie jedoch negative Schublade eingerichtet, sieht die Sache für Sie nicht ganz so gut aus. Auch hier wird automatisch dasselbe Verhaltensmuster abgespult. Negative Bewertungen ziehen jedoch negative Gefühle nach sich – dadurch wird Ihr Verhalten verschlossen und eng. Sie fühlen sich schlecht und blockieren sich automatisch.

Werfen Sie nochmals einen Blick auf das Beispiel Nr. 2 mit der kleinen Laura: Laura wird spätestens bei der dritten Maus ein solches schematisiertes Verhalten an den Tag legen. Die Bewertung, dass Mäuse angsteinflößend und gefährlich sind, wird nicht mehr in Frage gestellt. Es kann sein, dass sie diese Überzeugung auf alle Kleintiere überträgt, wenn keine Situation in Lauras Leben eintritt, die sie durch einen bestimmten Umstand zu einer neuen Bewertung veranlasst. Sehr wahrscheinlich wird sie immer automatisch Angst haben, wenn sie eine Maus, einen Hamster oder ein ähnliches Tier sieht.

Und genauso sieht es auch im Falle des Tennisspielers und des Prüfungskandidaten aus. Manchmal führt tatsächlich bereits eine einzige negative Erfahrung zu einem dauerhaft ungünstigen Verhaltensmuster. Die einmal vorgenommene Bewertung wird nicht mehr in Frage gestellt – der Misserfolg ist vorprogrammiert!

Aus unserem Seminaralltag

Immer wieder erleben wir in unseren Seminaren, welche Auswirkungen solche ungünstigen Bewertungen haben können. Da war zum Beispiel Michael. Er hatte sein Abitur mit einer guten Note bestanden und wollte Tiermedizin studieren. Das Lernen war ihm bisher immer leicht gefallen. Doch das Leben an der Uni unterscheidet sich sehr vom Schülerdasein. Michael genoss das freie Studentenleben, die Lernerei erschien ihm eher lästig. Er wusste ja, dass er schnell und mühelos lernen konnte, deshalb schob er den Lernbeginn immer weiter hinaus. Die Prüfungstermine rückten allerdings unerbittlich näher und Michael musste irgendwann erkennen, dass er zu spät begonnen hatte. Das erforderliche Lernpensum war viel größer, als er gedacht hatte. Die Aussage „Das kann ich nicht mehr schaffen!" hatte sich irgendwann in seinem Kopf festgesetzt. Mit jedem verstrichenen Tag wurde dieser Satz dominanter. Panik kam auf – und es kam, wie es kommen musste: Michael fiel durch die Prüfung.

Nun könnten Sie sagen: „Ja klar, er hat ja auch nicht richtig gelernt! Wenn er ab sofort richtig lernt, wird er auch seine Prüfung bestehen!" Das Dumme daran war nur, dass Michael dadurch eine negative Bewertung abgespeichert hatte. Sobald er an die nächste Prüfung dachte, wurde sofort die neue Schublade "Ich kann das nicht schaffen!" geöffnet: Michaels Selbstwertgefühl sank immer tiefer, das Wort Prüfung löste bei ihm ständig Panik aus.

Denken Sie daran:

Verhaltensgewohnheiten können Ihr Leben erleichtern. Verhaltensgewohnheiten können aber auch dazu führen, dass Sie immer wieder das gleiche Verhaltensmuster abspulen, das Sie blockiert!

Die Ursachen der Angst

Die Ursachen für Ihre Ängste oder Probleme mit Prüfungen liegen demnach in Ihren eigenen früher vorgenommenen und abgespeicherten Bewertung.

Sie können Ihr Gehirn mit einem Computer vergleichen. Alles, was Sie einprogrammieren, setzt es auch um. Hat es ein ungünstiges Programm abgespeichert, bewertet es auch etwas als gefährlich, was möglicherweise nicht wirklich gefährlich ist.

Sie haben also irgendwann, oft bereits in der Kindheit, bestimmte Verhaltensmuster angelegt. Sie wurden vielleicht bestraft, wenn Sie den Anforderungen der Eltern oder Lehrer nicht genügten. Vielleicht haben Sie gelernt, sich als gut und brav zu bewerten, wenn Sie etwas richtig gemacht und den Vorstellungen der Eltern entsprochen haben.

Sie haben dann aber auch gelernt, dass es schlimm ist, wenn Ihnen ein Fehler unterläuft. In der Folgezeit erlebten Sie dann unter Umständen jede Leistungssituation als eine persönliche Bedrohung, bei der Sie befürchten mussten, schlecht abzuschneiden und damit in der Gunst anderer zu sinken. Befinden Sie sich nun in einer Prüfungssituation, so nimmt die Wahrnehmung der persönlichen Bedrohung ein Übermaß an.

Ihre Ängste und somit auch die Prüfungsängste werden maßgeblich durch Ihre Fantasie gesteuert. Sie malen sich die bedrohliche Situation bereits im Vorfeld in allen verheerenden

Einzelheiten aus. Dadurch wird das Unterbewusstsein ständig negativ gepolt. Ihr Unterbewusstsein kann nicht unterscheiden, ob Sie sich ein Ereignis nur vorstellen oder ob es tatsächlich stattfindet.

Für Ihr Unterbewusstsein, sozusagen Ihre Schaltzentrale, existiert immer nur die Gegenwart. Wenn Sie sich also in Gedanken in eine Situation begeben, wird nun alles im Körper mobilisiert, um mit dieser Situation entsprechend fertig zu werden.

So reagiert z.B. Ihr Körper auf die Information „Gefahr", ohne jemals diese Bewertung zu überprüfen, denn Ihr Körper ist nur das ausführende Organ, das stur dem Kommando folgt, das die Befehlszentrale Gehirn gibt.

Denken Sie also an die bevorstehende Prüfung und sehen sich in Gedanken kläglich scheitern, so wird Ihr Unterbewusstsein alles daran setzen, Sie vor dieser Gefahr zu schützen. Es kommt zum akuten Stressalarm.

Die Entstehung von Stress – Was ist Stress überhaupt?

Um das Phänomen Stress besser zu begreifen, werfen Sie am besten einen Blick auf einen unserer Vorfahren. Wir nennen ihn den Steinzeit-Berthold.

Berthold liegt in seiner Höhle und hat Hunger. Leider hat er nichts mehr zu essen. Deshalb nimmt Berthold seine Steinschleuder und geht auf die Jagd. Nun passiert Folgendes:

1. Im Wald hört er ein Brummen im Gebüsch. Da ist der Bär **(Situation)**!
2. Berthold bewertet die Situation als gefährlich. Der Bär ist viel stärker als er **(Bewertung)**.

3. Er verspürt Angst **(Emotion)**.
4. In Bertholds Körper passiert nun eine ganze Menge: Es kommt zu einer Gefahrenmeldung. Stresshormone werden produziert (Adrenalin, Noradrenalin, Testosteron, Cortisol), die Bertholds gesamten Körper überfluten. Höchste Alarmstufe! Berthold empfindet Stress **(Verhalten)**.

Die Hormone erreichen nun über die Blutbahnen alle Organe und Körperzellen, denn Berthold soll blitzschnell und angemessen auf die Gefahr reagieren können. Die Stresshormone bewirken, dass

- sich die Herzfrequenz erhöht,
- Atemtätigkeit und Blutdruck steigen,
- sich die Blutgefäße verengen,
- die Leber mehr Glucose als Brennstoff für Gehirn und Muskulatur bereitstellt,
- die Bauchspeicheldrüse die Produktion von Insulin reduziert,
- sich die Spannung in den Arm-, Bein- und Rückenmuskeln erhöht,
- sich die Sexualfunktion vorübergehend einschränkt,
- sich die Arbeit von Darm und Harnblase reduziert.

Die Ausschüttung der Stresshormone macht Berthold also zu einem hochkonzentrierten Energiebündel. Nun kann er gezielt mit der Gefahr umgehen. Er kann entscheiden, ob er sich der Gefahr stellen oder die Flucht ergreifen will.

Da Berthold ein mutiger Kerl ist und er außerdem viel Hunger hat, stellt er sich der Gefahr. Er erlegt den Bären, schleppt ihn nach Hause und bereitet sich ein leckeres Mahl. Anschließend legt er sich zu einem Mittagsschläfchen in seine Höhle. Wenn er aufwacht, sind alle Stresshormone wieder abgebaut, denn Stresshormone werden durch Bewegung oder durch Schlaf abgebaut.

Sie und alle anderen Menschen reagieren heute noch genau wie Steinzeit-Berthold. Wenn Sie eine Situation als gefährlich einstufen, löst Ihr Unterbewusstsein Stressalarm aus.

! Denken Sie daran:

Stress ist im Grunde sehr hilfreich. Stress bringt Sie dazu, sinnvoll auf Gefahren zu reagieren.

Gesundheitsrisiko Stress

Trotzdem bezeichnet die Weltgesundheitsbehörde Stress als das größte Gesundheitsrisiko des 21. Jahrhunderts. Das Stressempfinden der Menschen, besonders in den westlichen Ländern, steigt jährlich um ein Vielfaches. Mittlerweile bezeichnen sich 75 Prozent aller Deutschen als dauerhaft stark gestresst. In Deutschland sterben jährlich ca. 190.000 Menschen an den Folgen von Stress. Hinzu kommt, dass stressbedingte Arbeitsausfälle unserem Wirtschaftssystem einen enorm hohen Verlust bescheren.

Warum ist das so? Wie kommt es, dass sich eine sinnvolle und wertvolle körperliche Reaktion so negativ auf das Leben auswirkt?

Informationsflut und Leistungsdruck

Das Leben hat sich in den letzten Jahrzehnten grundlegend verändert. Die Welt wurde zwar technisiert und automatisiert, doch sind die Anforderungen an jeden Einzelnen extrem gestiegen. Ob beruflich oder privat, Sie stehen unter einem hohen Leistungsdruck. Hinzu kommt, dass täglich eine Flut von Informationen verarbeitet werden muss. Unentwegt sind Sie irgendwelchen Reizen ausgesetzt. Sie hören Radio, sehen fern, arbeiten am Computer, Sie reisen rund um die Welt. Ihr Unterbewusstsein muss all diese Informationen immer nach dem gleichen Schema verarbeiten. Jede Information muss in Ihr Schubladensystem eingeordnet werden. Alles, was Sie sehen, hören, riechen, schmecken oder fühlen, muss überprüft werden: Haben Sie so etwas oder Ähnliches schon einmal erlebt? Wenn ja, wird die entsprechende Schublade geöffnet und das entsprechende Verhaltensmuster aktiviert. Wenn nein, wird eine neue Schublade eingerichtet. Bei ca. 60.000 Bewertungsimpulsen pro Tag kommt es daher sehr schnell zu einer Reizüberflutung.

Gefahrenquelle Reizüberflutung

Wenn Sie also nicht gut für sich sorgen und sich zum Beispiel keine ausreichenden Ruhephasen gönnen, bewertet Ihr Unterbewusstsein diese Reizüberflutung als gefährlich. Es reagiert nach dem Bärenmuster – Stressalarm wird ausgelöst!

Ändert sich nichts an Ihrer Lebenssituation, wird dauerhaft Stressalarm gegeben. Ihr Körper wird nun also für längere Zeit mit Stresshormonen überflutet. Er gerät in einen vegetativen und hormonellen Daueralarmzustand und befindet sich in einer permanenten Notsituation.

Wenn Sie betrachten, was sich in Ihrem Körper durch die Stresshormone alles ereignet, so wird schnell klar, dass Sie dieser Zustand auf Dauer krank machen muss. Es entstehen zahlreiche Krankheitssymptome, denn Ihr Körper wehrt sich gegen diesen Dauerstress. So kann es zu Herz-Kreislauf-Beschwerden, Migräne, Durchfall, Verstopfung, Magengeschwüren, Anfälligkeiten für Infektionen, Hautausschlägen, Rückenbeschwerden und vielem mehr kommen.

Auch Ihre Psyche kann auf Dauerstress mit Depressionen, unklarem Denken, Schlafstörungen, Stimmungsschwankungen, Überreaktionen, Blackout und Weinen reagieren.

Äußere und innere Stressquellen

Dabei müssen Sie zwischen äußeren und inneren Stressquellen unterscheiden.

Äußere Stressquellen stürmen von außen auf Sie ein. Dazu gehören:

- zu viel Hektik
- zu viel Lärm
- zu viele Informationen

Innere Stressquellen erzeugen wir selbst, von innen heraus. Dies geschieht aufgrund ungünstiger Bewertungen wie

- „Ich schaffe das nicht!"
- „Was man von mir alles verlangt!"
- „Was ist, wenn ich durch die Prüfung falle?" usw.

Denken Sie daran:

Stress entsteht in der Regel durch Ihre eigene Bewertung!

Über die Bewertung von Situationen und das Entstehen von Verhaltensmustern wurde bereits gesprochen. Verhaltensmuster aufgrund negativer Bewertungen lösen also unter Umständen ständig Stressalarm aus. Ihr Unterbewusstsein überprüft nicht die Richtigkeit der Bewertung, sondern spult das entsprechende Programm ab. So kann es passieren, dass Sie aufgrund einer einmal gemachten Bewertung immer wieder in einen Stresszustand geraten.

Angst – ein Teufelskreis

Wenn Sie sich beispielsweise aufgrund einer nicht bestandenen Prüfung für einen schlechten Lerner halten, setzen Sie sich immer wieder größtem Stress aus. Sobald Sie an die Prüfung denken, verspüren Sie verstärkt Stresssymptome wie Übelkeit, Kopfschmerzen, Konzentrationsstörungen usw. Sie fühlen sich krank und verzweifelt. Aus diesen Symptomen folgern Sie, dass diese Situation tatsächlich gefährlich ist. Sie sehen die Angst als Warnung, dass bald etwas Schreckliches geschehen wird. Diese Vorstellung erzeugt noch mehr Angst, und je ängstlicher Sie werden, desto stärker werden die Symptome. Je stärker die Symptome, desto mehr wird Ihre Angst genährt. Sie sind in einem Kreislauf gefangen. Es entsteht Dauerstress. Dieser Prozess findet sowohl auf der unbewussten als auch auf der bewussten Ebene statt.

Panik

Einige Angstanfälle können jedoch auch plötzlich, sozusagen aus heiterem Himmel auftreten. In diesem Fall spricht man von einer Panikattacke. Weltweit leiden wahrscheinlich fünfzig bis hundert Millionen Menschen immer wieder unter solchen Panikattacken.

Der Begriff geht auf den griechischen Gott Pan zurück. Halb Mensch, halb Geißbock schlich er sich immer wieder an ahnungslose Reisegruppen heran und verbreitete eine solche Angst, dass die Reisenden kopflos, also in Panik, davon rannten.

Wenn Sie in Panik geraten, denken Sie nicht mehr logisch. Sie überprüfen nicht mehr, ob es sich um eine reale Gefahr handelt. Sie reagieren sozusagen kopflos. Das heißt, es wird automatisch ein bestimmtes Verhaltensmuster abgespult, das für Sie sehr ungünstig ist.

! Denken Sie daran:

Ihre eigene Bewertung ist ausschlaggebend, ob Sie Angst empfinden!

Aus unserem Seminaralltag

Damit Ihnen vollkommen klar wird, was alles zu einem Stressalarm führen kann, hier noch einige Beispiele:

Unsere Teilnehmerin Jeannette war Krankenschwester. Sie machte zusätzlich eine Ausbildung als Hebamme. Ihr Alltag war hart, denn sie musste den ganzen Tag arbeiten und trotzdem nebenbei noch für die Prüfung lernen. So war es nicht unverständlich, dass sie eine Bewertung gebildet hatte: „Das kann man nicht schaffen!" Diese Bewertung löste automatisch Stressalarm aus. Sie litt unter Konzentrationsstörungen und Aggressivität.

Wir hatten eine Teilnehmerin namens Nina, die unter akuten Panikattacken litt. Bei der Stress-Bestandsaufnahme kam heraus, dass die Teilnehmerin in den letzten Wochen als Getränk lediglich Kaffee und Cola zu sich genommen hatte, um wach zu bleiben. Es ist logisch, dass der Körper dadurch in einen akuten Notzustand geriet.

Der Körper benötigt nun einmal ausreichend Flüssigkeit, um zu funktionieren. Fehlt die Flüssigkeit, wird das Blut dickflüssig, der Kreislauf gerät außer Kontrolle, die Denkfähigkeit lässt nach, die Organe werden nicht mehr richtig versorgt. Im Fall der Teilnehmerin Nina wehrte sich ihr Unterbewusstsein – es wurde Stressalarm ausgelöst.

Persönliches Stressmanagement: die praktische Umsetzung

Sie sehen also, wie wichtig es ist, die Funktionsweise Ihres Körpers und Ihrer Psyche zu kennen. Genau wie im Sport, sind beide Anteile gleich wichtig. Dauerhafter Erfolg ist nur machbar, wenn das persönliche Management in Bezug auf die mentale und körperliche Seite ernst genommen wird.

Stressquellen-Analyse

Im Bereich des Spitzensports werden sich diese Erkenntnisse zu Nutze gemacht. Die äußeren, wie auch die inneren Stressquellen werden analysiert und es wird alles daran gesetzt, Abhilfe zu schaffen. Der Sportler wird alles dafür tun, um die bestmöglichen Voraussetzungen für sich zu schaffen.

> Ich lernte, dass Stress mein Immunsystem an seiner Arbeit hindert und dass wohlige Gefühle nur entstehen, wenn man sich Zeit lässt. Dass zu jeder Anstrengung auch Ruhephasen gehören. ... Ich entdeckte, wie schön es ist, zur Ruhe zu kommen.[15]
>
> **[Franziska van Almsick]**

Aufgabe 1
Arbeitsbogen Nr. 1:
Bestandsaufnahme der eigenen Stressquellen

Beschäftigen Sie sich nun mit Arbeitsbogen Nr. 1 auf Seite 155. Ermitteln Sie mit diesem Arbeitsbogen Ihre inneren und äußeren Stressquellen.

Dieser Arbeitsbogen ist für Sie von ausschlaggebender Bedeutung. Er bildet die Grundlage für Ihren Erfolg. Nur wer ein Problem erkennt, kann daran arbeiten. Nachdem Sie Ihre Stressquellen nun kennen, können Sie beginnen, an einem neu-

15 van Almsick, Franziska: *Aufgetaucht*, S. 115.

en Konzept zu arbeiten. Verlassen Sie deshalb Ihre bekannten Pfade. Stellen Sie alles in Frage. Schneiden Sie alte Zöpfe ab und wagen Sie sich daran, Ihre bisherige Lebensweise zu überdenken! Der Arbeitsbogen 1 wird Ihnen dabei helfen. Lernen Sie zu unterscheiden zwischen Stressquellen,

- die Sie durch Ihr verändertes Handeln beeinflussen können.
- die Sie durch eine veränderte Bewertung beeinflussen können.

Vieles können Sie durch Ihr Handeln verändern. Sie können beispielsweise Ihre Ess- und Trinkgewohnheiten optimieren, Ihre Freizeitaktivitäten bewusster gestalten, und Sie können lernen, auch einmal „Nein!" zu sagen. Vor allem mit Entspannungsübungen können Sie Stress sehr gut entgegenwirken.

In der Ruhe liegt die Kraft: Entspannen Sie sich

Sportler achten im besonderen Maße auf ihr Entspannungskonzept. Nur ein entspannter Körper ist in der Lage, Höchstleistungen zu erbringen. Erfolgreiche Sportler beherrschen deswegen Entspannungstechniken, die sie regelmäßig anwenden.

> Ich dachte immer, es ist besser, alles selber zu machen
> und sich keine Pausen zu gönnen.
> Aber Tatsache war, dass mir auf einmal alles leichter fiel,
> dass mir die Pause fühlbar gut getan hatte.
> Es war wirklich, als seien meine Batterien vollständig aufgeladen.
> Ich hatte richtig Power.[16]

[Michael Schumacher]

16 Schumacher, Michael/Kehm, Sabine/Comte, Michel: *Michael Schumacher*, S. 210.

Meinem Geist tat diese Auszeit gut, ...[17]

[Hermann Maier]

Für mich ist es wichtig, dass ich immer Lust und Freude am Spiel habe. Und dafür sind immer wieder auch Pausen notwendig.[18]

[Steffi Graf]

Auch für Sie ist das Entspannungstraining ein wichtiger Baustein bei der Prüfungsvorbereitung. Prüfungen sind nun einmal aufregend, da führt kein Weg daran vorbei. Sie müssen stundenlang lernen, denn schließlich wird ja Ihr Leistungsstand abgefragt – da ist es normal, dass Ihr Körper mit Stresssymptomen reagiert. Wichtig ist nur, dass Sie Ihr Stressempfinden im Griff behalten, dass Sie Herr der Lage bleiben.

Es ist deshalb sinnvoll, eine Entspannungsmethode zur Hand zu haben, auf die Sie immer zurückgreifen können. Am Ende des Buches stellen wir Ihnen mehrere Entspannungs- und Atemtechniken vor. Suchen Sie sich die Methode aus, die am besten zu Ihnen passt, und bauen Sie diese Entspannungselemente dann in Ihr tägliches Leben ein. Nehmen Sie die Entspannungsübungen ernst. Mit Entspannung können Sie in Ihrem Leben wirklich etwas verändern! Ihr Unterbewusstsein wird mit gezielten Entspannungsformeln dazu gebracht, mit Ruhe zu reagieren. Dadurch entspannt sich ihr gesamter Organismus.

! Denken Sie daran:

Entspannungsübungen bewirken sehr viel – vorausgesetzt, Sie führen sie täglich durch!

17 Maier, Hermann/Okresek, Knut: *Das Rennen meines Lebens*, S. 220.

18 Schütt, Hans-Dieter: *Steffi Graf: Superstar*, S. 67.

Verhaltensänderung – Der optimale Weg zum Ziel

Die meisten Stressquellen entstehen jedoch durch die eigene Bewertung: Sie stufen eine Anforderung als bedrohlich, gefährlich oder nicht machbar ein, dadurch kommt es zum Stressalarm – auch wenn die tatsächliche Gefahr gar nicht so groß ist.

Ihr Innerer Dialog

Wie bereits erwähnt, führen Sie ständig innere Dialoge mit sich selbst. Dabei unterhalten Sie sich unentwegt mit Ihren verschiedenen Anteilen, denn jeder Mensch vereint verschiedene Aspekte in sich. Da gibt es in jedem von uns den Starken, den Schwachen, den Mutigen, den Feigen, den Fleißigen, den Faulen, den Kämpfer, den Jammerer, den Klugen, den Dummen, den Guten und den Bösen. Je nach Erziehung, Erfahrung und Lebensumständen haben bestimmte Anteile die Vormachtstellung und deren Bewertung setzt sich durch.

Der erfolgreiche Sportler ist sich bewusst, dass negative innere Dialoge negative Ergebnisse hervorbringen. Er achtet deshalb ganz genau auf seine inneren Dialoge. So wird er seine Bewertungen in Bezug auf

- seine Person,
- seine Fähigkeiten,
- seine Erfolgsaussichten

aufspüren, hinterfragen und bei Bedarf positiv umformulieren.

Ich lernte, mein Gehirn zu trainieren, die Worte und Sätze aus meinem
Kopf zu verbannen, Kränkungen zwar zu empfinden,
aber mein Selbstwertgefühl davon unberührt zu lassen.
So entstanden verschiedene Bilder in mir.
Ein Bild von mir als Sportlerin,
die auftaucht und kraftvoll durch durchs Wasser gleitet.
Ein anderes Bild zeigt eine,
die sich in der Öffentlichkeit bewegt und zu sich stehen kann.[19]

[Franziska van Almsick]

... dass ich im Sport nach dem Motto verfahre,
nicht schon vorher an das Nachher zu denken.
Das ist das, was ich versuche:
Nicht zu denken, was sein könnte, wenn ...[20]

[Michael Schumacher]

Hätte ich zugelassen, dass meine Angst mich beherrschte,
hätte ich in meinem Leben niemals etwas Wichtiges erreicht.[21]

[Muhammad Ali]

Damit Sie auf Dauer erfolgreich sein können, ist es also wichtig, Ihre inneren Dialoge ganz bewusst zu steuern. Dies ist zunächst schwierig, aber, wie Sie an den Beispielen der Sportler gut erkennen können, durchaus machbar.

19 van Almsick, Franziska: *Aufgetaucht*, S. 115.

20 Schumacher, Michael/Kehm, Sabine/Comte, Michel: *Michael Schumacher*, S. 125.

21 Ali, Muhammad/Ali, Hana Yasmeen: *Mit dem Herzen eines Schmetterlings*, S. 64.

Aufgabe 2
Arbeitsbogen Nr. 2:
Entstehung von Verhaltensmustern

Beschäftigen Sie sich nun mit dem Arbeitsbogen auf Seite 159. Versetzen Sie sich in die entsprechenden Situationen: Was denken Sie in Bezug auf die Prüfung, in Bezug auf Ihre Lern- und Konzentrationsfähigkeit, in Bezug auf ihre eigene Person? Spüren Sie alle negativen inneren Dialoge auf!

Sie haben nun einige Ihrer inneren Dialoge genau vor Augen. Sie haben auch erkannt, welche Emotionen dadurch hervorgerufen werden.

Aufgabe 3
Arbeitsbogen Nr. 3:
Sachliche Überprüfung der eigenen Bewertung

Nehmen Sie nun Arbeitsbogen Nr. 3 auf Seite 160 zur Hand und werfen Sie einen Blick auf Ihre Bewertung aus Arbeitsbogen Nr. 2. Versuchen Sie dabei eine möglichst neutrale Position einzunehmen.

Sie wissen, dass durch negative Gedanken Stressalarm ausgelöst wird und Ihr Verhalten dadurch nicht mehr selbstbestimmt ist.

! Denken Sie daran:

Negative Bewertung = Misserfolg

Die STOPP!-Technik

Der Spitzensportler wird also jeden Gedanken an Misserfolg sofort aufs Schärfste unterbinden – und zwar mit einem einzigen Wort: STOPP!

Dieses Wort begleitet ihn, er wird es so lange immer wieder benutzen, bis er seine Gedanken unter Kontrolle hat. Er wird eine liebevolle Strenge in Bezug auf seine inneren Dialoge an den Tag legen und genau darauf achten, wie diese Dialoge aussehen.

Ich habe mit mir geredet, immer wieder,
das Übliche, Becker gegen Becker.[22]

[Boris Becker]

Jeder Mensch will an sich selbst glauben.
Und jeder Mensch wäre gerne furchtlos und tapfer.
Wir alle werden zu Helden,
wenn wir für das eintreten, woran wir glauben[23]

[Muhammad Ali]

Dies gilt ab sofort auch für Sie:

- Unterbinden Sie jegliche Katastrophenideen: STOPP!
- Beenden Sie Misserfolgsgedanken unverzüglich: STOPP!
- Seien Sie streng mit sich selbst! Sie wissen, dass alle negativen Gedanken nur in eine Sackgasse führen – also: STOPP!

Bleiben Sie aber nicht bei dem Stopp-Schild stehen, sondern ersetzen Sie die negativen Gedanken durch positive.

---

22 Becker, Boris: *Augenblick, verweile doch ...*, S. 138.

23 Ali, Muhammad/Ali, Hana Yasmeen: *Mit dem Herzen eines Schmetterlings*, S. 137.

Die Mut- und Anfeuerungssätze

Ein erfolgreicher Sportler weiß, wie wichtig positive Gedanken sind, denn sie geben ihm die nötige Kraft, um Höchstleistungen zu erbringen. Deshalb hat er sich eine Reihe von persönlichen Mut- und Anfeuerungssätzen zurechtgelegt, die er sich immer wieder aufsagt. Diese Sätze begleiten ihn auf seinem schweren Weg und feuern ihn an.

Ich bin der Größte!
Ich bringe die Erde zum Beben![24]

[Muhammad Ali]

… tue es einfach,
vertraue auf dich und gib dein Bestes.[25]

[Franziska van Almsick]

Das gewinn ich jetzt![26]

[Hermann Maier]

Ich will, will, will den Sieg,…[27]

[Boris Becker]

---

24 ebd., S. 75.

25 van Almsick, Franziska: *Aufgetaucht*, S. 129.

26 Maier, Hermann/Okresek, Knut: *Das Rennen meines Lebens*, S. 320.

27 Becker, Boris: *Augenblick, verweile doch …*, S. 15.

Aufgabe 4
Arbeitsbogen Nr.4:
Ihre persönlichen Mut- und Anfeuerungssätze

Auf Seite 162 können Sie sich einen oder mehrere Mut- und Anfeuerungssätze aussuchen, die zu Ihnen passen. Selbstverständlich können Sie für sich auch eigene Sätze kreieren.

Dabei sollten Sie allerdings drei Spielregeln beachten. Ihr Mut- und Anfeuerungssatz sollte...

1. in der Gegenwart formuliert sein.
2. keine Verneinung enthalten.
3. das gewünschte Ziel klar beschreiben.

Mentales Training – das Geheimnis der Sieger

Ein Sportler perfektioniert also nicht nur seine körperlichen Fähigkeiten, sondern bereitet sich auch psychisch darauf vor, im Wettkampf sein Bestes zu geben. Er weiß, dass seine innere Stimme über Erfolg oder Misserfolg entscheiden wird. Er trainiert deshalb seinen inneren Dialog, so dass er sich selber optimal unterstützen kann. Damit er lernt, mit dem enormen Druck umzugehen, muss also neben dem körperlichen auch ein mentaler Trainingsplan erstellt werden.

Nur weil ich mich permanent hinterfrage,
entdecke ich immer wieder neue Wege.
Bessere Wege.
Erfolg ist nichts Selbstverständliches. [28]

[Michael Schumacher]

Dies gilt auch für Sie! Sie haben sich verschiedene Mut- und Anfeuerungssätze ausgesucht. Diese Sätze gilt es zu trainieren. Seien Sie dabei ausdauernd! Je öfter Sie sich diese Sätze vorsagen, desto schneller und besser wirken sie! Denken Sie dabei immer wieder an den Sportler!

Aufgabe 5
Arbeitsbogen Nr. 5: Verhaltensänderung

Schauen Sie sich auf Seite 164 an, was passiert, wenn Sie an Stelle der alten Katastrophenideen einen Ihrer Mut- und Anfeuerungssätze konsequent aufsagen. Wählen Sie die gleiche Situation wie in Arbeitsbogen 2.

Denken Sie daran:

Sie müssen Ihre Gedanken disziplinieren, um Erfolg zu haben!
Diese Erkenntnis ist ein ganz wichtiger Punkt.
Sie legt das Fundament für Ihren Erfolg!

Durch das Einüben mentaler Strategien werden Sie in der Lage sein:

- absolut in der Gegenwart zu bleiben,
- Misserfolgsgedanken auszublenden,
- eine Siegermentalität zu mobilisieren
- Konzentration punktgenau einzusetzen

28 Schumacher, Michael/Kehm, Sabine/Comte, Michel: *Michael Schumacher*, S. 120.

Denken Sie daran:

Wenn Sie das mentale Training ernst nehmen, werden Sie mit Höchstleistung und Erfolg belohnt!

Aufspüren der negativen Dialoge

Damit Sie sich dauerhaft positiv beeinflussen können, ist es wichtig, dass Sie, genau wie der Sportler, Ihren negativen Dialogen immer wieder auf die Schliche kommen. Beobachten Sie sich deshalb über einen längeren Zeitraum und halten Sie die negativen Bewertungen schriftlich fest.

Fragen Sie sich immer wieder: „Sind diese Gedanken hilfreich für mich? Bringen sie mich weiter oder blockieren sie mich?"

Der erfolgreiche Sportler nutzt jede Gelegenheit, um seine mentalen Strategien zu verinnerlichen.

> … Künftig soll er [der Fußball-Nationalspieler] sogar ein Tagebuch führen, um sein tägliches Training und seine Empfindungen zu reflektieren.[29]
>
> [Jürgen Klinsmann]

Denken Sie daran:

Negative Gedanken erzeugen negative Energie – positive Gedanken erzeugen positive Energie!

Aufgabe 6

Schreiben Sie mit einem dicken schwarzen Stift Ihre Mut- & Anfeuerungssätze auf. Verteilen Sie diese Sätze in Ihrer Wohnung. Hängen Sie sie so auf, dass Sie immer wieder mit ihnen

29 Horeni, Michael: *Klinsmann: Stürmer Trainer Weltmeister*, S. 222.

konfrontiert werden. Die Sätze sollen Ihnen in Fleisch und Blut übergehen.

Tun Sie diese Übung nicht als Firlefanz ab! Es ist wichtig, dass Sie den Sinn dieser Maßnahme verstehen: Durch diese Karten wird Ihr Unterbewusstsein mehr und mehr positiv beeinflusst!

Aufgabe 7

Suchen Sie sich Ihren Favoriten aus Ihren Mut- und Anfeuerungssätzen aus. Sagen Sie sich diesen Satz abends vor dem Einschlafen und morgens nach dem Aufwachen vor. Je öfter Sie diesen Satz wiederholen, umso mehr wird er von Ihrem Unterbewusstsein akzeptiert.

Fazit: Ihr Trainingsplan für Strategie I: Die Erkenntnis

- Denken Sie an den Zusammenhang von Körper und Geist. Ihre Gedanken beeinflussen Ihren Körper und Ihre Körperhaltung beeinflusst Ihr Denken.
- Ihre Bewertungen entscheiden über Ihre Lebenshaltung und damit über Ihre Weichenstellungen im realen Leben. Rufen Sie sich in Erinnerung: Situation → Bewertung → Emotion → Verhalten.
- Sie richten sich unzählige Schubladen ein – es entstehen Verhaltensmuster, die immer wieder abgespult werden.
- Ihr Unterbewusstsein setzt alles um, was Sie denken und sagen. Es stellt nichts in Frage!
- Bewertet das Unterbewusstsein eine Situation als gefährlich, wird Stressalarm ausgelöst.
- Ertappen Sie sich bei negativen Gedanken, so sagen Sie laut und deutlich: „STOPP!" Machen Sie sich klar, dass negative Gedanken Stress-Alarm auslösen.

- Gewöhnen Sie sich auch ab, negativ zu reden. Jedes Meckern oder Jammern gibt Ihrem Unterbewusstsein negative Impulse. Richten Sie stattdessen Ihren Fokus auf das Positive in Ihrem Leben.
- Stress wirkt sich durch Symptome im physischen und psychischen Bereich aus.
- Äußere Stressquellen sind: zu viele Informationen, mangelhafte Ernährung, zu wenig Flüssigkeit, zu wenig oder zu viel Bewegung, zu wenig oder zu viel Schlaf, Über- oder Unterforderung.
- Halten Sie Ihren Mut- & Anfeuerungssatz immer parat und wenden Sie ihn an.
- Regelmäßige (tägliche) Entspannungs- und Atemübungen unterstützen Ihre neuen Bewertungen.
- Machen Sie sich klar, dass einzig und allein Sie für Ihr Leben verantwortlich sind. Niemand anderes als Sie selbst wird Ihre Prüfung schreiben.

Ziele setzen, ...

Strategie II: Die Zielarbeit
Wie Sie Ihr Ziel genau beschreiben

Ziele setzen, daran arbeiten, Ziele erreichen![30]

[Jürgen Klinsmann]

Mit den Erkenntnissen über die Funktionsweise des Körpers und der Psyche wenden Sie sich nun der zweiten Strategie zu – der Zielarbeit.

Viele Menschen bleiben erfolglos oder versinken im Mittelmaß, weil sie es nicht gelernt haben, sich klare Ziele zu setzen. Sie laufen durchs Leben, probieren dies und jenes aus, scheitern aber immer wieder an den ersten Schwierigkeiten und wenden sich dann wieder neuen Dingen zu. Eine solche Haltung führt zu einer latenten Unzufriedenheit. Diese Personen finden sich damit ab, dass sie im Leben nicht alles erreichen können. Bewertungen wie: „Bei mir klappt so etwas nicht!" oder "Ich weiß gar nicht, ob ich das will", verstärken diese resignierte Haltung. Oft gleiten sie dann auch noch in die Opferrolle ab und jammern über die eigene Unzulänglichkeit.

Ihnen wird so etwas nicht passieren, wenn Sie sich bei allem, was Sie tun möchten, zunächst einmal fragen:

- Was will ich denn tatsächlich erreichen?
- Wie wichtig ist dieses Ziel für mich?
- Wie wird es sein, wenn ich dieses Ziel erreicht habe?
- Was verändert sich dann in meinem Leben?
- Wie wird meine Umwelt darauf reagieren?

---

30 Horeni, Michael: *Klinsmann: Stürmer Trainer Weltmeister*, S. 38.

- Welchen Preis muss ich für die Erreichung meines Ziels bezahlen?
- Wie belohne ich mich, wenn ich dieses Ziel erreicht habe?

Wenn Sie diese Fragen ehrlich beantworten, können Sie herausfinden, ob es sich tatsächlich um ein Ziel handelt, oder ob es einfach nur ein schöner Traum ist. Vielleicht tragen Sie solche Träume schon lange mit sich herum. Sie reden davon, was Sie alles irgendwann einmal machen möchten, doch meistens bleibt es beim Reden. Letztendlich sind Sie doch nicht bereit, sich voll und ganz für dieses Ziel einzusetzen.

> Wir beschäftigen uns jeden Tag mit der Frage:
> Wie kommen wir an das Ziel, Weltmeister 2006 zu werden?
> Was müssen wir dafür tun?[31]
>
> **[Jürgen Klinsmann]**

Wer aber sein Ziel tatsächlich kennt, kann voller Schwung und Elan zur Verwirklichung schreiten. Nur wer das brennende Verlangen in sich spürt, dieses Ziel erreichen zu wollen, ist auch bereit, den Preis dafür zu zahlen.

> Meine Stärke ist es, mir Ziele zu setzen
> und diese mit letzter Konsequenz zu verfolgen.
> Sonst würde ich vermutlich nicht dort stehen,
> wo ich jetzt stehe. [32]
>
> **[Hermann Maier]**

Für den erfolgreichen Sportler ist die konkrete Zieldefinition von ausschlaggebender Bedeutung, und zwar in vielfacher Hinsicht. Das Ziel

- zeichnet den Weg ab, den er vor sich hat. Nur wenn er sein Ziel kennt, kann er einen optimalen Weg einschlagen.

---

31 ebd., S. 30.

32 Maier, Hermann/Okresek, Knut: *Das Rennen meines Lebens*, S. 15.

- wirkt auf diesem Weg wie ein Magnet – die Anziehungskraft lässt ihn die Mühsal leichter ertragen.
- regt die Fantasie an. Durch die Visualisierung des Ziels kann sein Unterbewusstsein nicht zwischen Fantasie und Wirklichkeit unterscheiden. Sein Körper wird so auf Höchstleistung eingestellt.
- lässt den Sportler über sich hinaus wachsen. So mobilisiert er ungeahnte Kräfte.
- hält die Motivation aufrecht.
- stärkt das Selbstbewusstsein.

Wie wichtig ein solches klares Ziel ist, können Sie sehr gut am Beispiel des österreichischen Skirennläufers Hermann ‚The Herminator' Maier erkennen. Hermann Maier wollte von frühester Kindheit an Skirennläufer werden. Ganz gleich, welches Hindernis auftrat, Maier kämpfte für die Erreichung seines Zieles mit all seiner Kraft. Auch eine Wachstumsstörung in der Jugend und der damit verbundene sehr späte Start als Profi konnten ihn nicht aufhalten. Mit seinem Ziel vor Augen schaffte er es bis in die absolute Weltspitze. Er entwickelte sich zu einem der erfolgreichsten Skirennläufer überhaupt.

Dann ereignete sich ein schrecklicher Motorradunfall, bei dem er sich eine schwere Unterschenkelverletzung mit Quetschungen der Nerven im linken Bein zuzog. Doch obwohl ihm die Ärzte das Ende seiner Karriere attestierten, gab der ‚Herminator' nicht auf. Nichts konnte ihn davon abbringen, weiterhin an seinem Ziel festzuhalten.

> Ständig führte ich mir vor Augen: Ich komme hier raus, ich werde wieder alles tun können, was normale Menschen tun, auch wenn's vorerst nur einbeinig ist![33]

> Ich werde zurückkommen - sicher nicht schwächer, ich tipp gleich stark oder sogar stärker![34]

---

33 Maier, Hermann/Okresek, Knut: *Das Rennen meines Lebens*, S. 97.

34 ebd., S. 86.

Ich wollte einfach wieder gesund werden, und das so schnell wie möglich. Dafür war ich bereit, alles zu geben. Mein Körper rebellierte, doch es war der Geist, der mich trieb.[35]

[Hermann Maier]

Mit eiserner Disziplin trainierte er weiter. Sein neues Ziel lautete: „Rückkehr in den Weltcup". Und was jeder für unmöglich gehalten hatte, gelang ihm: Hermann Maier errang nach zweijähriger Skirenn-Abstinenz seinen 42. Weltcup-Sieg!

Was wäre geschehen, wenn Hermann Maier kein eindeutiges Ziel vor Augen gehabt hätte? Wie weit wäre er gekommen, wenn er mit folgender Bewertung an die Sache heran gegangen wäre: „Mal sehen, wie weit ich komme! Ich kann ja mal trainieren".

Sicherlich ist jedem klar, dass Maier mit solch einer Einstellung schon beim ersten Hindernis wie z.B. nach seiner Wachstumsstörung in der Jugend aufgegeben hätte. Er wäre nicht bereit gewesen, über seine Grenzen hinaus zu gehen. Er hätte niemals versucht, sein Bestes zu geben. Er wäre nicht der ‚Herminator' geworden.

Das eigene Ziel wird am besten mit der so genannten Zielarbeit erreicht. Diese besteht aus vier Schritten:

- Schritt 1: Zieldefinition: Sie entwickeln Ihr eigenes Ziel, mit dem Sie sich identifizieren.
- Schritt 2: Widerstandscheck: Sie stellen sich Ihren Ziel-Widerständen.
- Schritt 3: Zielvisualisierung: Sie visualisieren Ihren Erfolg.
- Schritt 4: Siegerbild: Sie speichern ein Bild von sich als Gewinner.

35 ebd., S. 131.

Schritt 1: Zieldefinition

Der erfolgreiche Sportler definiert also zunächst einmal sein Ziel. Dabei stützt er sich auf drei Säulen:

- Zielklarheit: Das Ziel muss klar beschrieben sein.
- Machbarkeit: Das Ziel muss für ihn realistisch sein.
- Identifikation: Das Ziel muss voll und ganz zu ihm passen.

> Für mich ist die wichtigste Voraussetzung für Erfolg, sich ein Ziel zu setzen und dieses konsequent zu verfolgen.[36]
>
> **[Steffi Graf]**

Viele Teilnehmer kommen zu unseren Seminaren mit schlechter Laune und Lustlosigkeit. Der Grund für diese Lustlosigkeit liegt auf der Hand – ihnen ist oft nicht mehr klar, warum sie die Mühen des vielen Lernens auf sich nehmen müssen.

Was aus der eigenen Perspektive oft nur schwer zu erkennen ist, ist im Grunde ganz einfach: Die Lösung liegt in der Klarheit über das persönliche Ziel und das Bewusstsein, dass sie dieses Ziel mit eigener Anstrengung auch erreichen können.

Miriam, eine Seminarteilnehmerin, litt unter starker Prüfungsangst. Sie klagte darüber, dass sie sich beim Lernen nicht konzentrieren konnte. Die Bewältigung der vielen Prüfungen erschien ihr einfach unmöglich. Während der Beschäftigung mit dem Arbeitsbogen *Zielarbeit* stellte sie fest, dass der von ihr ausgewählte Studiengang eigentlich gar nicht zu ihr passte. Sie studierte Ökothrophologie. Ihr eigentliches Ziel war es, Menschen zu helfen. Nach sorgfältiger Zielarbeit entschied sie sich dafür, Sozialpädagogik zu studieren. Ihre Prüfungsängste legten sich daraufhin, denn durch das richtige Ziel war sie nun in der Lage, bewusst und hoch motiviert zu lernen.

Natürlich müssen Sie nicht gleich einen neuen Studiengang wählen oder die Ausbildung wechseln. An diesem Beispiel lässt

36 Graf, Stefanie/Schmidt, Karlheinz: *Wege zum Erfolg*, S. 8.

sich aber erkennen, wie wichtig die klare Definition des eigenen Ziels ist. Am Ende dieser Strategie fordern wir Sie dazu auf, sich Ihr eigenes Ziel genau bewusst zu machen. Wenn Sie Klarheit über Ihr Ziel haben, werden Sie merken, dass die Mühsal der Prüfung sich zu jeder Zeit lohnt.

Nach der persönlichen Zieldefinition geht es an die weitere Zielarbeit: Mit dem Widerstands-Check, der Zielvisualisierung und der Erstellung eines persönlichen Siegerbilds festigt der Hochleistungssportler sein mentales Ziel.

Schritt 2: Widerstands-Check

Der Sportler achtet nach der Zieldefinition ganz genau darauf, ob er Widerstände in sich verspürt, wenn er an sein Ziel denkt. Sollten Widerstände auftreten, wird er sich so lange mit ihnen befassen, bis sie beseitigt sind. Sollte er die Widerstände nicht beseitigen können, so wird er erneut über sein Ziel nachdenken.

> Zum Mentalen Training gehört vor allem, den Glauben an die eigene Leistung zu festigen und mit den Zweifeln umzugehen, die noch schmerzhaft von Misserfolgen geprägt sind.[37]
>
> **[Franziska van Almsick]**

Für Sie gilt dasselbe. Welche Widerstände verspüren Sie, wenn Sie an Ihr Ziel denken? Was stört Sie? Am Ende dieses Kapitels nehmen Sie Ihre möglichen Widerstände genau unter die Lupe.

37 van Almsick, Franziska: *Aufgetaucht*, S. 115.

Schritt 3: Zielvisualisierung

Wenn das Ziel definiert ist und Sie sämtliche mentalen Widerstände gegen dieses Ziel beseitigt haben, kommen Sie zum schönsten Part der Zielarbeit – der Zielvisualisierung. Der Spitzensportler geht dabei in seiner Fantasie vollkommen in sein Ziel hinein. Er sieht sich auf dem Siegertreppchen, er genießt es, dass die Zuschauer ihm zujubeln und seine Familie ihm gratuliert. Er malt sich seinen Erfolg in allen Einzelheiten aus.

Ich gehe immer mit dem Ziel in eine Saison, Weltmeister zu werden.[38]

[Michael Schumacher]

Stellen Sie sich vor, Sie kommen aus dem Prüfungsraum heraus und haben die Prüfung geschafft und bestanden. Wie fühlen Sie sich jetzt?

Der Zielvisualisierung widmen Sie im Arbeitsbogen Nr. 6 besonders viel Aufmerksamkeit. Die Bewusstmachung der Zielerreichung kann nicht oft genug betont werden. Ihre Bedeutung ist von äußerster Wichtigkeit.

Schritt 4: Siegerbild

Aus den Fantasiebildern sucht sich der Sportler ein ganz bestimmtes Bild aus, das ihm am besten gefällt.

Dieses Siegerbild speichert er als Ansporn für all die Mühsal, die noch vor ihm liegt. Immer, wenn Zweifel aufkommen, ruft er sich dieses Siegerbild in Erinnerung. Es spornt ihn an und gibt ihm die Kraft weiter zu machen.

---

38 Schumacher, Michael/Kehm, Sabine/Comte, Michel: *Michael Schumacher*, S. 50.

In meinem Kopf unbändiger Siegeswille. Ja,
ich bin auf dem Weg zu Gold. [39]

[Hermann Maier]

Wie sieht Ihr Siegerbild aus? Speichern Sie dieses Bild. Ihr Siegerbild wird Sie in schlechten Zeiten aus Ihrem Tief herausholen und Ihnen die nötige Kraft zum weitermachen geben. Doch noch ein klein wenig Geduld. Der Arbeitsbogen Nr. 6 wird Ihnen helfen, Ihr optimales Siegerbild zu entwickeln.

Der Boxer Muhammad Ali ging noch einen Schritt weiter. Seine Siegerbilder waren seine Reime und Prophezeiungen. Sie spornten ihn an und verwirrten gleichzeitig seine Gegner. So auch am 5. November 1963, als Ali auf einer Pressekonferenz den Kampfvertrag gegen den damaligen Box-Schwergewichts-Weltmeister Sonny Liston unterschrieb. Das nachfolgende Gedicht rappte er selbstbewusst und mit weit aufgerissenen Augen in die umherstehenden Kameras.

If you want to loose your money,
Then bet on Sonny.
He knows I'm great.
He went to school; he's no fool.

I predict that he will go in eight,
To prove that I'm great.
And if he wants to go to heaven,
I'll get him in seven …[40]

[Muhammad Ali]

Übersetzung:

Wenn Du dein Geld verlieren willst,
dann setz auf Sonny.
Er weiß, dass ich der Größte bin.
Er besuchte die Schule, er ist kein Dummkopf.

---

39 Maier, Hermann/Okresek, Knut: *Das Rennen meines Lebens*, S. 38.

40 Ali, Muhammad/Ali, Hana Yasmeen: *Mit dem Herzen eines Schmetterlings*, S. 84.

Ich sage voraus, dass er binnen acht Runden verliert,
um zu zeigen, wie großartig ich bin,
und wenn er in den Himmel kommen will,
Dann schaffe ich ihn in sieben ...[41]

Eingeschüchtert durch Alis Siegermentalität und sein selbstbewusstes Auftreten, verlor der als Favorit gehandelte Liston den Kampf 1964 durch technischen K.o. in der siebten Runde.

Hier setzt ein ganz wichtiger Faktor ein: Da Ihr Unterbewusstsein nicht unterscheiden kann, ob Sie sich eine Situation in Ihrer Fantasie ausmalen oder ob Sie sich tatsächlich in der Situation befinden, wird in Ihrem Körper durch das Visualisieren nun alles mobilisiert, was Ihnen dabei helfen kann, dieses Bild Wirklichkeit werden zu lassen. Ihr Unterbewusstsein sucht mit aller Kraft nach entsprechenden Lösungen. Vorhandene Schubladen werden geöffnet, Muskelgruppen aktiviert, Botenstoffe produziert. Ihre Motivation wird enorm verstärkt – Sie sind bereit, zu handeln. Es entstehen nun neue Verhaltensmuster, die Ihnen dienlich sind.

(...) wenn du gewinnen willst,
darf sich der Wille niemals zur Ruhe setzen,
der Wettkampf niemals aufhören
und der Glaube niemals nachlassen.[42]

[Muhammad Ali]

Denken Sie daran:

Sie sind das Ergebnis Ihrer Gedanken. Sie haben es in der Hand, ob Sie ein Verlierer oder ein Sieger sind!

Erfolgreiche Leistungssportler arbeiten ganz intensiv mit der Kraft des Visualisierens. Jeder Bewegungsablauf, jede Trainingseinheit, jede Sekunde des Wettkampfs wird in der Fantasie ganz genau durchlebt.

---

41 ebd., S. 83.

42 ebd., S. 194.

So konnten Wissenschaftler feststellen, dass Leistungssportler, die in Gedanken ihren Sieg visualisieren, tatsächlich erfolgreicher sind als Sportler, die keine Siegesvisualisierung vornehmen.

Wenn der Sportler es also schafft, in Gedanken der Sieger zu sein, so wird sein Unterbewusstsein alles daransetzen, dieses Siegerbild Wirklichkeit werden zu lassen.

Du darfst den Fokus, dein Ziel vor Augen, nie verlieren.
Genau das macht einen Sieger aus.[43]

[Hermann Maier]

All dies gilt selbstverständlich nicht nur für den Sportler, sondern auch für Sie. Doch leider laufen sehr viele Menschen mit einem Verliererbild durchs Leben. Diese Personen visualisieren den Misserfolg in allen Details. So erleben sie, wie sie immer wieder scheitern, von Unglücksfällen getroffen oder von Krankheiten heimgesucht werden – und durch Prüfungen fallen.

Auch hier wird das Unterbewusstsein alles daransetzen, diese negativen Bilder Wirklichkeit werden zu lassen. Es kann nun mal nicht zwischen Fantasie und Realität unterscheiden. So kommt es, dass diese Menschen tatsächlich schlecht gelaunt und unglücklich durchs Leben dümpeln und ihnen nur selten etwas gut gelingt.

Nun stellt sich die Frage, wie Sie es schaffen können, Ihre Ziele zu visualisieren und so zu einem mentalen Sieger zu werden.

---

43 Maier, Hermann/Okresek, Knut: *Das Rennen meines Lebens*, S. 54

Aufgabe 8
Arbeitsbogen Nr. 6: Zielarbeit

Bearbeiten Sie den Arbeitsbogen auf Seite 165 sehr intensiv. Er ist von ausschlaggebender Bedeutung, denn, wie Sie gerade erfahren haben, ist die Zielarbeit eine grundlegende Vorraussetzung für Ihre erfolgreiche Prüfung.

Ihr klar definiertes Ziel wird Sie motivieren und neue Kräfte in Ihnen mobilisieren. Achten Sie darauf, dass Sie sich voll und ganz mit Ihrem Ziel identifizieren können.

Denken Sie daran:

„Klare Ziele wirken wie ein Tritt aufs Gaspedal Ihres Lebens: Sie bringen Sie zügig näher an das heran, was Sie wirklich wollen!" (Brian Tracy)

Wichtig ist die Erkenntnis, dass nicht die Prüfung, sondern Ihr persönlicher Fortschritt Ihr wahres Ziel ist. Die Prüfung ist lediglich eine Herausforderung, ein Meilenstein auf dem Weg zu Ihrem Ziel. Das Lernen und die Prüfungen sind der Preis, den Sie für das Erreichen dieses Ziels investieren müssen.

Im Laufe meines Lebens habe ich erfahren,
dass der Weg der Selbsterkenntnis die größte Befreiung verspricht.[44]

[Muhammad Ali]

Wie kann ich besser werden?
Das ist jeden Tag die Grundsatzfrage![45]

[Jürgen Klinsmann]

---

44 Ali, Muhammad/Ali, Hana Yasmeen: *Mit dem Herzen eines Schmetterlings*, S. 77.

45 Horeni, Michael: *Klinsmann: Stürmer Trainer Weltmeister*, S. 38.

Gut spielen, besser spielen, immer besser werden –
das ist es, was mich trieb, da bin ich fast ein bisschen besessen.[46]

[Steffi Graf]

Nutzen Sie täglich die Kraft Ihres Siegerbildes. Gehen Sie in Gedanken immer wieder in Ihren Sieg hinein. Nutzen Sie die Arbeitsweise Ihres Unterbewusstseins. Gedanken an Niederlagen und Misserfolg gehören der Vergangenheit an: STOPP!

Ihr ganz persönliches Siegerbild ist ab sofort Ihr neues Leitbild!

Fazit:
Ihr Trainingsplan für Strategie II: Die Zielarbeit

- Machen Sie sich Ihr ganz persönliches Ziel bewusst, und seien Sie sich darüber im Klaren, wie wichtig dieses Ziel für Sie ist.
- Gehen Sie in Ihrer Fantasie voll und ganz in dieses Ziel hinein.
- Sehen Sie sich als Sieger!
- Ihr Siegerbild begleitet Sie ab sofort!
- Durch die ständige Visualisierung Ihres Siegerbilds wird dieses Bild Wirklichkeit.
- Ihr Siegerbild öffnet vorhandene Schubladen, Muskelgruppen werden aktiviert und Botenstoffe produziert!
- Ihre Motivation wird dadurch wiederum verstärkt.
- Sie sind nun bereit, zu handeln.
- Es entstehen neue Verhaltensmuster, die Sie zu Ihrem Ziel bringen.

46 Schütt, Hans-Dieter: *Steffi Graf: Superstar*, S. 60.

Strategie III: Das Erfolgsbewusstsein

Wie Sie die Basis Ihres Erfolgs legen

„Wahnsinn, da muss ich jetzt fahren?"
Doch es gab kein Zurück. Ich versuchte, positiv zu denken.
„Ich hab' doch jedes Mal, wenn ich hier angetreten bin, gewonnen".[47]

[Hermann Maier]

Sie haben nun die beiden wichtigen Strategien *Erkenntnis* und *Zielarbeit* kennen gelernt. Vielleicht spüren Sie bereits eine Veränderung in sich. Ganz gewiss befinden Sie sich bereits auf dem richtigen Weg, auf der Siegerstraße.

Deshalb wenden Sie sich nun der dritten Strategie, dem Erfolgsbewusstsein zu. Das Erfolgsbewusstsein hängt eng mit den ersten beiden Strategien zusammen.

Die Bedeutung des Erfolgsbewusstseins

Für den Spitzensportler ist das Erfolgsbewusstsein von elementarer Bedeutung, denn es hilft ihm,

- mit dem enormen Druck umzugehen,
- Kraft zu tanken,

47 Maier, Hermann/Okresek, Knut: *Das Rennen meines Lebens*, S. 267.

- positiv eingestellt zu sein,
- sich an die eigenen Erfolgseigenschaften zu erinnern,
- die Gewissheit zu haben, dass er sein Ziel auch erreichen kann.

Ich war total ruhig
und gleichzeitig hatte ich dieses Super-Gefühl der Unbesiegbarkeit.
Ich wusste, ich würde etwas Besonderes schaffen.
So war es dann auch.[48]

[Herman Maier]

Der Sportler benötigt für seinen Sieg einen unerschütterlichen Glauben an sich selbst. Dieser Glaube muss so stark sein, dass nichts und niemand ihn ins Wanken bringen kann. Das Erfolgsbewusstsein muss ihn voll und ganz durchdringen.

Sie müssen zugeben, dass ich der Größte war.
Und immer noch bin.[49]

[Muhammad Ali]

Wie Sie bereits im letzten Kapitel erfahren haben, ist der erfolgreiche Sportler zunächst ein mentaler Sieger. Sein Siegerbild begleitet ihn und spornt ihn an.

Um dieses Bild zu festigen, besinnt sich der Hochleistungssportler darauf, welche Erfolge er bereits in seinem bisherigen Leben erzielt hat. Er geht in Gedanken diese Erfolgserlebnisse durch und erinnert sich an die großen Momente seines Lebens.

Ich wollte eine große Schwimmerin werden
und schöpfte den Mut und die Kraft aus meinen kleinen Erfolgen.[50]

[Franziska van Almsick]

---

48 Maier, Hermann/Okresek, Knut: *Das Rennen meines Lebens*, S. 370.

49 Ali, Muhammad/Ali, Hana Yasmeen: *Mit dem Herzen eines Schmetterlings*, S. 119.

50 van Almsick, Franziska: *Aufgetaucht*, S. 40.

Aus dem Nichts gekommen, in vier Jahren alles erreicht,
von einem Auto niedergefahren und am Ende doch wieder zurück. (...)
Hätte ich das in all der schwierigen Zeit nicht immer im Kopf gehabt,
wäre mein Plan nie aufgegangen! [51]

[Hermann Maier]

Aber an diesem Tag, bei meinem ersten Sieg in Wimbledon,
waren Kräfte mit im Spiel, die darüber hinausgingen:
ein Instinkt, der mich im entscheidenden Moment das Richtige tun lässt.
Ein Herz, das eine Niederlage nicht zulässt,
obgleich ich nicht immer gewinnen kann.[52]

[Boris Becker]

Die eigenen Erfolge bewusst machen

Durch das Bewusstmachen der eigenen Erfolge erzielt der Sportler den gleichen Effekt wie bei der Entwicklung des Siegerbildes. Auch hier kann das Unterbewusstsein nicht zwischen Fantasie und Wirklichkeit unterscheiden. Auch hier wertet es die Situation als Tatsache und aktiviert entsprechende Botenstoffe, Muskelgruppen und Verhaltensschubladen.

Ein hervorragendes Vorbild für ein solches Erfolgsbewusstsein und dessen Wirksamkeit ist die Weltklasse-Schwimmerin Franziska van Almsick. Nach einem Leistungseinbruch und einer längeren Durststrecke wurde sie von Teilen der Öffentlichkeit und der Presse verhöhnt. Doch Franziska van Almsick ließ sich nicht von ihrem Weg abbringen. Unerbittlich trainierte sie weiter und arbeitete dabei intensiv mit einer Psychologin

51 Maier, Hermann/Okresek, Knut: *Das Rennen meines Lebens*, S. 254.

52 Becker, Boris: *Augenblick, verweile doch ...*, S. 17.

an Ihrer mentalen Stärke. So schaffte sie ein außergewöhnliches Comeback: Sie gewann bei den Schwimm-Europameisterschaften 2002 fünf Goldmedaillen und stellte obendrein noch einen neuen Weltrekord auf.

Meine Sinne blenden die Geräusche der Halle aus,
und die Gedanken setzen aus.
Es gelingt mir dann, die Kraft in meinem gesamten Körper zu spüren,
und so kann ich mich auf ihn verlassen.
In diesen tiefen Entspannnungszuständen kann mein Körper sich wieder an
meinen Weltrekord und an seine Schnelligkeit erinnern
und diese Erinnerungen kurz vor dem Start abrufen.
So machte mich mein gut trainierter Körper
bei der EM in Berlin schneller als je zuvor.[53]

[Franziska van Almsick]

Auch für Sie als Prüfungskandidat ist das Erfolgsbewusstsein von ganz zentraler Bedeutung. Nicht nur während der Prüfung spielt es eine wichtige Rolle, sondern auch in der Zeit der Prüfungsvorbereitung. Gerade hier passiert es oft, dass Sie den Glauben an sich selbst verlieren. Sie zweifeln an der eigenen Lernfähigkeit, an der Möglichkeit, die Prüfung zu bestehen, ja oft sogar an der eigenen Intelligenz.

Was das bedeutet, wissen Sie bereits: Sie öffnen eine alte Schublade und spulen immer wieder das gleiche Programm (Verhalten) ab. Doch dieses Verhalten ist Ihnen nicht dienlich. Vor allem nicht in den Momenten vor und während der Prüfung. Denn hier bringen Selbstzweifel die Prüfung ganz schnell zum Scheitern.

Sie brauchen also Selbstvertrauen und einen unerschütterlichen Glauben an sich selbst, um den beschwerlichen Weg, der vor Ihnen liegt, zu gehen.

---

53 van Almsick, Franziska: *Aufgetaucht*, S. 117.

Durch gezieltes Bewusstmachen Ihrer bisherigen Erfolge werden Sie genau wie ein Hochleistungssportler

- Ihr Selbstvertrauen in schwierigen Momenten aufrecht erhalten,
- auf Knopfdruck eine positive Einstellung bekommen,
- sich auf die wesentlichen Dinge konzentrieren,
- die Gewissheit erlangen, dass Sie auch dieses Ziel erreichen werden.

Ich denke, bei einem Match
ist die Konzentration für den Erfolg besonders wichtig.[54]

[Steffi Graf]

Der größte Gewinn,
das wichtigste Kapital eines jeden Menschen
sind sein Selbstbewusstsein und der Respekt
vor der eigenen Person.[55]

[Muhammad Ali]

Auch damals hatte ich gewusst:
Ich werde es schaffen, egal was die anderen sagen![56]

[Hermann Maier]

---

54 Graf, Stefanie/Schmidt, Karlheinz: *Wege zum Erfolg*, S. 150.

55 Ali, Muhammad/Ali, Hana Yasmeen: *More Than A Hero*, S. 24.

56 Maier, Hermann/Okresek, Knut: *Das Rennen meines Lebens,* S. 286.

Aufgabe 9
Arbeitsbogen Nr. 7: Erfolgsbewusstsein

Gehen Sie auf Seite 168 ganz bewusst in Ihre Vergangenheit: Wann und wo waren Sie erfolgreich? Was haben Sie zu diesem Erfolg beigetragen?

Je intensiver Sie Ihre Erfolgserlebnisse wieder erleben, umso größer ist der Effekt für Ihr Selbstbewusstsein. Achten Sie auch darauf, was mit Ihnen geschieht, wenn Sie an Ihre Erfolge denken: Wie fühlen Sie sich? Was geschieht mit Ihrer Laune? Was passiert mit Ihrer Körperhaltung?

Sie haben sich nun mit Ihren Erfolgen beschäftigt. Vielleicht ist Ihnen klar geworden, dass Sie immer dann Erfolg haben, wenn Sie voller Eifer und Begeisterung an die Verwirklichung eines Zieles herangehen.

Vielleicht ist Ihnen auch aufgefallen, dass Sie oft Zeit und Raum vergessen haben, wenn Sie für dieses Ziel gearbeitet haben. Für Sie war klar: Sie wollten dieses Ziel erreichen, egal mit welchem Kraftaufwand.

> Dann stellt sich irgendwann so eine Art Flow ein,
> ein einziger fließender Rhythmus –
> kaum beschreibbar, aber wunderschön (...)
> wenn dieser Moment eintritt, sehe ich nur noch die Ideallinie.
> Ein schwarzes Band, das sich vor mir windet.[57]
>
> **[Michael Schumacher]**

Denken Sie daran:

Der Erfolg des Lebens besteht nicht darin, zu tun, was wir lieben, sondern zu lieben, was wir tun! (Basil Zacharias Zaharoff)

---

57 Schumacher, Michael/Kehm, Sabine/Comte, Michel: *Michael Schumacher*, S. 125.

Werfen Sie jetzt noch einmal einen Blick auf die Eigenschaften, die Sie für die Verwirklichung Ihres Erfolges benötigt haben. Es ist von äußerster Wichtigkeit, dass Sie sich bewusst machen, dass Sie diese Eigenschaften in sich haben:

- Sie sind ein Kämpfer – wenn Sie es wirklich wollen!
- Sie haben Durchhaltevermögen – wenn Sie es wirklich wollen!
- Sie sind ein Sieger – wenn Sie es wirklich wollen!

Stellen Sie sich jetzt vor, was passiert, wenn Sie all diese guten Eigenschaften auf das Ziel Prüfung richten. Was wird sich verändern, wenn Sie ab sofort mit Ihrem neuem Selbstvertrauen und Erfolgsbewusstsein durchs Leben gehen?

Um ein großer Champion zu werden, musst du auch daran glauben, der Beste zu sein.[58]

[Muhammad Ali]

Fazit: Ihr Trainingsplan für Strategie III: Das Erfolgsbewusstsein

- Erinnern Sie sich an Ihre Erfolgserlebnisse.
- Speichern Sie eines oder mehrere Erfolgserlebnisse als Ansporn für sich.
- Besinnen Sie sich auf die guten Eigenschaften, die Sie bei diesem Erfolgserlebnis gezeigt haben.
- Entwickeln Sie ab sofort genau so viel Begeisterung und Tatendrang für Ihr neues Ziel!

58 Ali, Muhammad/Ali, Hana Yasmeen: *More Than A Hero*, S. 57.

Aus Rückschlägen lernen ...

Strategie IV: Die Fehleranalyse

Wie Sie optimal aus Ihren Fehlern lernen

Ich habe aus meinen Rückschlägen oft mehr gelernt
als aus meinen Erfolgen.[59]

[Boris Becker]

Durch die Strategien Erkenntnis, Zielarbeit und Erfolgsbewusstsein sind Sie jetzt fit und selbstbewusst genug, um sich mit Ihren Fehlern und Niederlagen zu beschäftigen.

Ich bin dankbar für all meine Siege,
vor allem aber für meine Niederlagen,
denn sie trieben mich nur dazu an,
noch härter zu arbeiten.[60]

[Muhammad Ali]

Niemand ist perfekt: Jeder Mensch macht irgendwann mal einen Fehler, hat seine Schwächen und erlebt Misserfolge – all dies gehört zum Leben. Ungern wird über diese Schwachpunkte gesprochen: Hoffentlich bleibt der Fehler unbemerkt, hoffentlich wächst schnell Gras über die ganze Sache! Kommen diese Fehler dann doch zur Sprache, wird oft ein Schuldiger gesucht, um sich selbst aus der Affäre zu ziehen. Und tatsächlich gibt es immer tausend Gründe, warum etwas nicht geklappt hat.

---

59 Internet: http://natune.net/zitate/autor/Boris+Becker.

60 Ali, Muhammad/Ali, Hana Yasmeen: *Mit dem Herzen eines Schmetterlings*, S. 181.

Viele Menschen verfallen zu diesem Zeitpunkt in Selbstmitleid: Sie fühlen sich arm, ausgebeutet und überfordert. Während des Jammerns erkennen sie dann ganz deutlich, warum sie z.B.

- nicht lernen konnten,
- durch die Prüfung gefallen sind,
- all die guten Vorsätze nicht erreicht haben.

Im Erfinden von Ausreden und Begründungen ist der Mensch Weltmeister. An dieser Stelle entsteht schnell die Überzeugung: „Ich bin halt so", oder „Ich habe nun mal keine Selbstdisziplin", vielleicht aber auch: „Was kann ich denn dafür?" Und so arrangieren sich viele mit der eigenen Schwachheit. Sie dümpeln weiter durch das Leben und träumen davon, eines Tages richtig zu lernen, Sport zu treiben, Erfolg zu haben usw.

Allerdings ist es eine bekannte Tatsache, dass Sie sich durch Ausreden von der wahren Ursache des Problems entfernen. Durch diese Einstellung verleugnen Sie die Realität und dies lässt Sie im Stillstand verharren.

Im Sport liegen Erfolg und Niederlage oft ganz nah beieinander. Jeder erfolgreiche Hochleistungssportler kann ein Lied von seinen Fehlern und Niederlagen singen. Für den Spitzensportler ist es deshalb von ausschlaggebender Bedeutung, dass er lernt, mit Niederlagen umzugehen. Er muss Fehler erkennen und an ihnen arbeiten, denn mit Ausreden und Rechtfertigungen rücken seine Ziele in weite Ferne. Somit entscheidet der richtige Umgang mit Niederlagen und Fehlern letztendlich über den Erfolg des Sportlers.

Auch nach einem schweren Sturz auf der Piste
bin ich immer wieder aufgestanden,
hab meine Ski wieder angeschnallt –
mich der Herausforderung wieder gestellt.[61]

[Hermann Maier]

61 Maier, Hermann/Okresek, Knut: *Das Rennen meines Lebens*, S. 138.

Fehler habe ich am Fließband gemacht (...) Da brauchst du einen, der dich nicht niedermacht, sondern einen, der dich aufrichtet. Nur so habe ich mich entwickeln können, weil ich kein Maradona bin, dem alles in den Schoß gefallen ist.[62]

[Jürgen Klinsmann]

Rückschläge muss man positiv verarbeiten, d.h. man muss aus ihnen lernen.[63]

[Steffi Graf]

Erfolg bedeutet nicht, dass man ständig gewinnen muss. Wirklich erfolgreich sind wir dann, wenn wir nach einer Niederlage wieder auf die Füße kommen.[64]

[Muhammad Ali]

Aus unseren Seminaren

Wir erleben immer wieder, dass gerade talentierte Menschen nur sehr schwer mit Misserfolgen umgehen können. Sie sind an den Erfolg gewöhnt – eine einzige Niederlage kann sie vollkommen aus der Bahn werfen.

So war es auch bei der Seminarteilnehmerin Martina. Sie hatte ihr Abitur mit der Note 1,6 bestanden und wollte unbedingt Kinderärztin werden. Der Wechsel von der Schule zur Uni brachte jedoch ganz schnell die Ernüchterung. Martina fiel durch eine der zahlreichen Prüfungen. Sofort brach ihr Selbstwertgefühl zusammen. Sie hatte es nicht gelernt, mit Niederla-

62 Horeni, Michael: *Klinsmann: Stürmer Trainer Weltmeister*, S. 63.

63 Graf, Stefanie/Schmidt, Karlheinz: *Wege zum Erfolg*, S. 103.

64 Ali, Muhammad/Ali, Hana Yasmeen: *Mit dem Herzen eines Schmetterlings*, S. 181.

gen umzugehen. So sah sie sich nun durch alle folgenden Prüfungen fallen. Durch diese negativen Gedanken wurde natürlich Dauerstressalarm ausgelöst. Weinkrämpfe, Schweißausbrüche und Schlafstörungen waren die Folge. Nichts ging mehr.

Martina nahm den eigenen Misserfolg als richtungsweisende neue Bewertung. In ihren Gedanken hielt sie sich mehrheitlich bei ihrem Versagen auf. In ihrer Fantasie malte sie sich erneute Misserfolge in allen Farben aus. Die Folge: Das Scheitern war vorprogrammiert.

Werfen Sie an dieser Stelle einen Blick auf den Tennisspieler Boris Becker. Er zählt eindeutig zu den großen deutschen Ausnahmesportlern. Doch auch Beckers Weg war nicht nur von Erfolgen gepflastert. Er musste im Laufe seiner Karriere zahlreiche Niederlagen hinnehmen. Diese sportlichen Niederlagen wurden stets begleitet von der gnadenlosen Aburteilung durch die Medien und das Publikum. Man akzeptierte eben nur den strahlenden, siegenden Heroen.

Eine Niederlage, vor allem in frühen Runden,
wurde mir selten verziehen. (...)
Ich wurde ausgepfiffen, einfach so,
oder beim Einkaufen angepöbelt.
Bei meinen Eltern trafen die ersten Drohbriefe ein,
Erpresser meldeten sich.
Unbekannte verfolgten mich mit ihren Autos ...[65]

[Boris Becker]

Becker musste also nicht nur mit einer Vielzahl von negativen Gefühlen umgehen, sondern auch noch von außen die derben Kritiken für sein Scheitern hinnehmen.

Aber letztlich haben die Negativ-Urteile meinen Ehrgeiz angestachelt:
Ich wollte allen das Gegenteil beweisen.[66]

[Boris Becker]

65 Becker, Boris: *Augenblick, verweile doch ...,* S. 144.

66 ebd. S. 312.

Boris Becker hat es somit immer wieder geschafft:

- aus seinen Fehlern zu lernen,
- aus seinen Tiefs hervorzukommen,
- Niederlagen in Siege umzuwandeln.

> Die Schläge und Schmerzen der letzten Jahre haben mir gut getan. Sie haben in mir den längst verschütteten Instinkt wieder geweckt, der mich einst zum besten Tennisspieler der Welt gemacht hat: den Killerinstinkt.[67]
>
> **[Boris Becker]**

Die Frage, die sich hier stellt: Wie schaffen es Boris Becker und all die anderen Spitzensportler, nach einer Niederlage neue Kräfte zu mobilisieren und wieder zu siegen? Und das, wohlgemerkt, trotz aller Anfeindungen und dem großen Druck, der auf ihnen lastet.

> Wer wächst an der Herausforderung und wer besteht sie nicht? Und was muss man tun, wenn die Herausforderung nicht bestanden wird?[68]
>
> **[Jürgen Klinsmann]**

Wenn Sie beobachten, wie Profi-Sportler mit ihren Fehlern und Niederlagen umgehen, können Sie drei wichtige Schritte erkennen:

- Schritt 1: Ehrliche Bestandsaufnahme: Sammeln Sie alle Fakten, die zu dem Fehler oder der Niederlage geführt haben.
- Schritt 2: Umgang mit negativen Emotionen: Nutzen Sie die negativen Emotionen als Energiequelle zur persönlichen Weiterentwicklung.
- Schritt 3: Selbstdisziplin: Arbeiten Sie an ihren Fehlern und Schwachstellen mit einer ordentlichen Portion Selbstdisziplin, bis sie diese Fehler behoben haben.

---

67 ebd. S. 24.

68 Horeni, Michael: *Klinsmann: Stürmer Trainer Weltmeister*, S. 42.

Defizite, die wir ansprechen,
werden von uns nicht negativ verstanden.
Sie sollen vielmehr … Motivation dafür sein,
noch besser zu werden.[69]

[Jürgen Klinsmann]

Ich habe gelernt, dass es die Tragödien sind, die uns reifen lassen.[70]

[Muhammad Ali]

Versuche deine Schwächen zu Stärken werden zu lassen![71]

[Hermann Maier]

Schritt 1: Ehrliche Bestandsaufnahme

Bei der Bestandsaufnahme gilt es, alle Gründe für die Niederlage zu registrieren:

- Welche Ursachen haben zur Niederlage geführt?
- Welche Bereiche haben nicht funktioniert?
- Wo liegen die persönlichen Schwachpunkte?
- Wo muss Verbesserung stattfinden?

Hierbei ist äußerste Sachlichkeit notwendig. Es geht nicht darum, einen Schuldigen zu finden, sondern die Sachlage muss erkannt werden. Nur wer die Fakten kennt, kann einen Plan zur Bekämpfung erstellen!

---

69 Mende, Jens: *Jürgen Klinsmann – Wie wir Weltmeister werden,* S. 45.

70 Ali, Muhammad/Ali, Hana Yasmeen: *Mit dem Herzen eines Schmetterlings*, S. 284.

71 Maier, Hermann/Okresek, Knut: *Das Rennen meines Lebens*, S. 389.

Der Spitzensportler richtet sein ganz besonderes Augenmerk auf diese Bereiche, denn nur so kann er sich weiterentwickeln und aus seinen Fehlern lernen:

Wenn ich mit mir ins Reine kommen wollte,
konnte ich nicht einfach dort weitermachen,
wo ich aufgehört hatte.[72]

[Franziska van Almsick]

Wenn's nicht läuft, möchte ich das sofort ändern.
Liegt's an mir? Am Material? An meinem Training?[73]

[Hermann Maier]

Ich dachte auch über meine eigenen Stärken
und Schwächen nach und darüber,
wie ich dieses Wissen während des Kampfes
zu meinem Vorteil nutzen konnte.[74]

[Muhammad Ali]

Auch für Sie ist es wichtig, immer wieder einen Blick auf das eigene Handeln zu werfen. Jeder kann einmal durch eine Prüfung fallen oder eine Herausforderung nicht packen. Richten Sie dann Ihr besonderes Augenmerk auf die Bereiche, die noch nicht optimal gelaufen sind. Nur indem Sie Ihre Fehler und Schwachbereiche registrieren und analysieren, können Sie daran arbeiten und sich weiter entwickeln. Versuchen Sie nicht, diese Fehler zu rechtfertigen oder unter den Tisch zu kehren, denn dann verharren Sie im Stillstand. Sie haben immer wieder eine Chance, Fehler und Schwächen auszumerzen.

---

72 van Almsick, Franziska: *Aufgetaucht*, S. 51.

73 Maier, Hermann/Okresek, Knut: *Das Rennen meines Lebens*, S. 322.

74 Ali, Muhammad/Ali, Hana Yasmeen: *Mit dem Herzen eines Schmetterlings*, S. 189.

Jeder gewinnt, und jeder verliert hin und wieder. Würden wir nie verlieren, wüssten wir nicht, wozu wir in der Lage sind.[75]

[Muhammad Ali]

Der erfolgreiche Sportler setzt sich also solange mit seinen Schwachstellen und Niederlagen auseinander, bis er den wahren Grund für sein Scheitern entdeckt – nur so hat er die Chance, weiterzukommen und zu wachsen.

Schritt 2: Umgang mit negativen Emotionen

Es ist ganz natürlich, dass Niederlagen von negativen Emotionen begleitet werden. Sie sind verzweifelt, sauer und wütend. Sie zweifeln an Ihren Fähigkeiten.

Oft habe ich auf dem Platz gezetert und gemeckert, aber nie kapituliert. Ich habe unter Niederlagen gelitten und mich über mich selbst geärgert, bis hin zum Hass, aber auf Becker und sonst niemanden.[76]

Doch immer dann, wenn es am schlimmsten wurde und scheinbar ausweglos war, hat mein Instinkt funktioniert und mich rausgeholt.[77]

[Boris Becker]

Negative Emotionen sind nicht grundsätzlich schlecht. Sie können dazu benutzt werden, Kampfgeist zu entwickeln. Je stärker diese Emotionen sind, umso mehr können Sie sie für sich selbst nutzen.

---

75 ebd. S. 193.

76 Becker, Boris: *Augenblick, verweile doch …,* S. 230.

77 ebd., S. 14.

Man verliert nicht wirklich, wenn man für das kämpft, woran man glaubt
Wir verlieren, wenn wir nicht für das kämpfen, was uns wichtig ist.[78]

[Muhammad Ali]

Eines habe ich inzwischen gelernt:
ein wahrer Sieger muss auch erhobenen Hauptes verlieren können.
Aber – das können Sie mir glauben –
mit meinem Ehrgeiz fällt mir das alles andere als leicht.
Ich hasse es zu verlieren![79]

[Hermann Maier]

Mich macht es rasend, wenn einer nicht das Optimum bringt.
Kämpfen bis zum Umfallen kann man in jedem Spiel,
auch wenn es nicht so läuft. [80]

[Jürgen Klinsmann]

Wenn ich wütend war, konnte ich mich auspowern,
alles aus mir herausholen, mich einfach nur abreagieren.[81]

[Franziska van Almsick]

So verwandeln Sie Ihre negativen Emotionen in Energiequellen:

- Richten Sie all Ihre Gefühle auf das nächste Ziel.
- Erinnern Sie sich an Ihre Erfolge.
- Spüren Sie, wie diese Gefühle Sie beflügeln.
- Überlegen Sie sich eine neue Strategie.
- Sehen Sie sich als Sieger.
- Motivieren Sie sich mit Ihrem Mutsatz.

---

78 Ali, Muhammad/Ali, Hana Yasmeen: *Mit dem Herzen eines Schmetterlings*, S. 193.

79 Maier, Hermann/Okresek, Knut: *Das Rennen meines Lebens*, S. 334.

80 Horeni, Michael: *Klinsmann: Stürmer Trainer Weltmeister*, S. 63.

81 van Almsick, Franziska: *Aufgetaucht*, S. 13.

Denken Sie daran:

Verändern Sie Ihre Einstellung gegenüber Ihren Fehlern und Niederlagen. In jedem Fehler liegt die Chance zur Weiterentwicklung.

Es bringt nichts, in Schuldzuweisungen auszubrechen, wichtig ist doch vielmehr, dass jemand, der einen Fehler gemacht hat, das auch einsieht und vor allem weiß, was er falsch gemacht hat. Ist ja nichts dabei, Fehler machen wir alle mal. Wir sind alle Menschen. Es geht darum, dass wir den gleichen Fehler nicht nochmal machen.[82]

[Michael Schumacher]

Schritt 3: Selbstdisziplin

Selbstdisziplin hilft Ihnen, auf kürzestem Weg zum Ziel zu kommen, und zwar zu jedem Ziel, das Sie sich setzen! Diese Selbstdisziplin macht jedoch vielen Menschen zu schaffen. Sie verharren im Problem und werfen zu schnell die Flinte ins Korn. Veränderungen schaffen Sie dann, wenn Sie unabdingbar an Ihrem Ziel festhalten, es nicht in Frage stellen und dafür weiterhin kämpfen.

Ich riss mich zusammen, so gut ich konnte. Ich sagte mir: „Los, hol dich selber raus aus dem Sumpf und zeig, dass es kein Aufgeben gibt. [83]

[Hermann Maier]

82 Schumacher, Michael/Kehm, Sabine/Comte, Michel: *Michael Schumacher*, S. 88.

83 Maier, Hermann/Okresek, Knut: *Das Rennen meines Lebens*, S. 86.

Du kannst fallen, aber du musst wieder aufstehen.
Ich stehe wieder! [84]

[Boris Becker]

Ich bin eben eine, die die Flinte nicht so schnell ins Korn wirft.
Ich habe immer von den Reserven meines wohl starken Willens profitiert.[85]

Selbstdisziplin heißt nicht nur, dass man den Zeitplan einhält,
sondern dass die körperliche wie die mentale Vorbereitung stimmt.[86]

[Steffi Graf]

Vor den Europameisterschaften war ich im Abseits
und habe mich zurückgekämpft.
Ich bin wieder aufgestanden und stehe noch immer. [87]

[Franziska van Almsick]

Denken Sie daran:

„Ohne Anstrengung und ohne Bereitschaft, Schmerz und Angst zu durchleben, kann niemand wachsen!" (Ernst Fromm)

Sie haben es also selbst in der Hand, wie Sie mit den negativen Ereignissen, die Ihnen widerfahren, umgehen.

- Ist Ihnen Ihr Ziel wirklich wichtig?
- Welchen Preis sind Sie bereit, für die Erreichung dieses Ziels zu bezahlen?
- Sind Sie ein echter Sieger?

---

84 Becker, Boris: *Augenblick, verweile doch …*, S. 14.

85 Schütt, Hans-Dieter: *Steffi Graf: Superstar*, S. 235.

86 Graf, Stefanie/Schmidt, Karlheinz: *Wege zum Erfolg*, S. 103.

87 van Almsick, Franziska: *Aufgetaucht*, S. 134.

Ich habe, wie ich in solchen Momenten bin, die Zähne
zusammen gebissen und durchgehalten.[88]

[Boris Becker]

Mein härtester Gegner war immer ich selbst.[89]

[Muhammad Ali]

All die schlimmen Erfahrungen, die ich nach dem Unfall machen musste,
die Schmerzen, die Depressionen, die Hoffnungslosigkeit,
die Rückschläge ... all das hat mich zu dem gemacht, was ich jetzt bin.
Die wahren Siege sind die stillen,
heißt es in meinem wohl emotionellsten Werbespot.
Solche Siege feiere ich auch jetzt noch im normalen Leben
Woche für Woche.[90]

[Hermann Maier]

Aufgabe 10
Arbeitsbogen Nr. 8: Niederlagen und Fehler

Beschäftigen Sie sich jetzt auf Seite 170 intensiv mit Ihren Niederlagen und den Gründen, die zu diesen Niederlagen geführt haben. Bleiben Sie dabei äußerst sachlich und distanziert. Widmen Sie sich danach den Verbesserungsmöglichkeiten. Was genau wollen Sie unternehmen, um Ihre Schwachstellen zu beheben? Wann fangen Sie damit an?

---

88 Becker, Boris: *Augenblick, verweile doch ...*, S. 31.

89 Ali, Muhammad/Ali, Hana Yasmeen: *Mit dem Herzen eines Schmetterlings*, S. 196.

90 Maier, Hermann/Okresek, Knut: *Das Rennen meines Lebens*, S. 348.

Denken Sie daran:

„Alte Angewohnheiten kann man nicht einfach zum Fenster hinauswerfen. Man muss sie Stufe für Stufe die Treppe hinunter boxen." (Mark Twain)

Die Teilnehmerin Martina hat es übrigens geschafft, Ihr Prüfungs-Problem in den Griff zu bekommen. Während des Seminars stellte sie bei ihrer Fehleranalyse fest, dass sie dem Lernen für das Studium einfach nicht die nötige Aufmerksamkeit geschenkt hatte. Wie wir vor kurzem erfahren haben, hat sie die Strategien aus unserem Seminar auch weiterhin konsequent angewendet. Mittlerweile hat sie ihre damaligen schulischen Erfolge jetzt auch auf ihr Studium übertragen.

Wenn man sich eine positive Einstellung
und eine optimistische Sichtweise des Lebens bewahrt,
verliert das Negative die Macht, uns unglücklich zu machen.[91]

[Muhammad Ali]

Fazit:
Ihr Trainingsplan für Strategie IV: Die Fehleranalyse

- Nehmen Sie Fehler und Niederlage als natürlichen Bestandteil Ihres Lebens an.
- Machen Sie eine sachliche Bestandsaufnahme.
- Entwickeln Sie eine neue Strategie.
- Verwandeln Sie Ihre negativen Emotionen in Kampfgeist: Jetzt erst recht!
- Arbeiten Sie unerlässlich an Ihren Fehlern.

91 Ali, Muhammad/Ali, Hana Yasmeen: *Mit dem Herzen eines Schmetterlings*, S. 233.

Einen Plan durchziehen ...

Strategie V: Der Trainingsplan

Wie Sie das Unternehmen Prüfung erfolgreich angehen

Lege Dir einen Plan zurecht und ziehe ihn durch!
Mit Willen, Ehrgeiz und konsequenter harter Arbeit
lässt sich jedes realistische Vorhaben langfristig umsetzen.[92]

[Hermann Maier]

Dauerhafter Erfolg kommt nicht von ungefähr! Nur wer sich systematisch und geplant auf eine Herausforderung vorbereitet, kann Höchstleistung ganz bewusst abrufen.

Ich war nie der Meinung,
dass keine Steigerung mehr möglich ist
und ich bin immer darin bestätigt worden.[93]

[Michael Schumacher]

Im Sport geht es darum, die eigenen Fähigkeiten zu verbessern. Dazu bedarf es eines konsequenten Trainings – sprich eines definierten Zeitabschnitts, der dafür genutzt wird, das eigene Können zu steigern. Erfolgreiche Sportler arbeiten deshalb nach einem ausgeklügelten Trainingsplan. Niemals wird hier irgendetwas dem Zufall überlassen. Dieser Trainingsplan widmet sich sowohl der physischen als auch der psychischen Seite. Je ausgeklügelter dieser Plan ist, umso effektiver wird er sein.

---

92 Maier, Hermann/Okresek, Knut: *Das Rennen meines Lebens*, S. 388.

93 Schumacher, Michael/Kehm, Sabine/Comte, Michel: *Michael Schumacher*, S. 125.

Der Trainingsplan gibt dem Spitzensportler Sicherheit. Er kann stets überprüfen, wo er sich mit seinen Leistungen und seiner körperlichen Fitness befindet. Dabei richtet er sein besonderes Augenmerk auf die Fähigkeiten, die er noch nicht optimal beherrscht. Wenn Probleme auftreten, kann er seinen Trainingsplan jederzeit abändern. Dadurch bleibt der Sportler ruhig und gelassen. Er weiß, dass er alles tut, was in seiner Macht steht, um sein Ziel zu erreichen.

Ich war der Erste auf der Piste,
arbeitete dazwischen und trainierte dann wieder.
Eine Zeit, die mir sowohl vom Skifahrerischen her
als auch für meine Persönlichkeitsentwicklung viel gebracht hat.[94]

[Hermann Maier]

Eine Trainingssaison hat etwa achtundvierzig Wochen.
Mein Trainingstag beginnt in dieser Zeit,
und das schon seit beinah zwanzig Jahren,
jeden Morgen um sieben Uhr.[95]

[Franziska van Almsick]

... auch mir sind die Erfolge nicht in den Schoß gefallen.
Selbst wenn man selbst sehr viel Talent mitbringt,
muss man sich den Erfolg erarbeiten.[96]

[Steffi Graf]

Meine gesamte Freizeit ging für das Training drauf;
ich kam als Erster in die Sportschule und ging als Letzter.[97]

[Muhammad Ali]

---

94 Maier, Hermann/Okresek, Knut: *Das Rennen meines Lebens*, S. 74.

95 van Almsick, Franziska: *Aufgetaucht*, S. 55.

96 Graf, Stefanie/Schmidt, Karlheinz: *Wege zum Erfolg*, S. 8.

97 Ali, Muhammad/Ali, Hana Yasmeen: *Mit dem Herzen eines Schmetterlings*, S. 52.

❗ Denken Sie daran:

Das unermüdliche Training bildet das Fundament des Erfolgs. Nur wer wirklich trainiert und niemals aufgibt, wird den Lohn erhalten.

Der Lerntrainingsplan

Auch für Sie ist ein ausgeklügelter Trainingsplan unerlässlich! Wer organisiert lernt, behält den Überblick. Deshalb sind die richtige Lernorganisation und das Erstellen eines optimalen Lerntrainingsplans Grundbedingungen, um ruhig und gelassen in die Prüfung zu gehen. Wenn Sie nicht richtig lernen, dann nützen Ihnen auch die besten mentalen Strategien nichts. Das Unterbewusstsein lässt sich nicht betrügen! Es wird unweigerlich Alarm schlagen. Um dies zu verhindern, sollte Ihr Lerntrainingsplan aus folgenden Elementen bestehen:

Der Lernüberblick

Verschaffen Sie sich zunächst einen Überblick über das Lernpensum und besorgen Sie sich möglichst sämtliche Literatur. Nur wenn Sie wissen, was von Ihnen verlangt wird, können Sie einen ordentlichen Plan erstellen. Benutzen Sie die Literaturrecherche aber nicht, um den Lernbeginn hinauszuzögern!

Der Lernzeitplan

Zeit verrinnt kontinuierlich und unwiderruflich! Ehe man sich versieht, steht die Prüfung vor der Tür. Die meiste Energie und Zeit verpufft, weil klare Ziele, Planung, Prioritäten und Übersicht fehlen.

Denken Sie daran:

Wenn man das Gefühl hat, nicht Herr der Lage zu sein, entsteht Stress. Deshalb ist es wichtig, eine klare Planung vorzunehmen.

Fangen Sie deshalb so früh wie möglich mit dem Lernen an! Je früher Sie damit beginnen, desto lockerer sieht Ihr Lerntrainingsplan aus.

Richtige Planung bedeutet Zeitgewinn! Mit einem geringen Mehraufwand an Planungszeit gewinnen Sie Zeit fürs Lernen. Wer seinen Arbeitstag zehn Minuten lang vorbereitet und konsequent in Angriff nimmt, kann täglich eine Stunde Zeit für das Wesentliche herausholen.

Machen Sie deshalb Ihre Zeitpläne immer schriftlich! Zeitpläne, die man nur im Kopf hat, verlieren an Übersichtlichkeit und werden leichter umgeworfen.

Schriftliche Pläne bedeuten zudem:

- eine Arbeitsentlastung für das Gedächtnis,
- eine erhöhte Motivation,
- eine Dokumentation der geleisteten Arbeit.

Wenn Sie mit Zeitplänen arbeiten, empfiehlt es sich, mit der Planung einer Woche zu beginnen. Eine Woche wird Ihrem Lebensrhythmus am ehesten gerecht. So haben Sie immer wieder genügend Spielraum, um eine gute Planung vorzunehmen und eine sinnvolle Balance zwischen Aktivität und Passivität herzustellen. Planen Sie dann jeden einzelnen Tag in dieser Woche.

Ein realistischer Tagesplan sollte grundsätzlich nur das enthalten, was Sie an diesem Tag erledigen wollen, erledigen müssen und realistisch betrachtet auch schaffen können. Im Prüfungsfall also Ihr Lernpensum, darüber hinaus Termine, Telefonate, periodisch wiederkehrende Aufgaben, Unerledigtes vom Vortage, neu hinzugekommene Tagesarbeiten.

Das Lernen

Jetzt geht es ans Lernen! Lernen bedeutet die eigene Beschäftigung mit dem Stoff, der für die anstehende Prüfung relevant ist. Dabei spielen die Konzentration auf den Inhalt und die anschließende Wiedergabe des Gelernten eine entscheidende Rolle. Es heißt also nicht einfach nur Lesen, sondern Lernen steht für einen aktiven Prozess.

Die Lerndauer

Lernen Sie niemals länger als eine halbe Stunde am Stück! Die halbe Stunde hat viele Vorteile:

- Sie bleiben hochkonzentriert!
- Sie können sich immer wieder neu motivieren!
- Sie speichern das Gelernte immer optimal ab!
- Sie bleiben durch die regelmäßigen Pausen fit und leistungsfähig!

Die Lernpausen

Nach dreißig Minuten sollten Sie eine Pause von fünf Minuten einlegen. Dabei sollten Sie stets den Arbeitsplatz kurz verlassen, einige Atemzüge am geöffneten Fenster machen, sich recken und strecken. Dies bringt Ihren Kreislauf in Schwung und erhöht anschließend Ihre Denkleistung.

Nach einer Stunde sollten Sie eine Pause von zehn Minuten machen, in der Sie etwas essen oder trinken können. Nach zwei Stunden sollte eine größere Pause von mindestens 30 Minuten eingelegt werden. Nun sollten Sie nach draußen gehen.

Erkennen Sie die Wichtigkeit von Pausen! Pausen bedeuten Ressourcen-Aufbau. Sie sind keinesfalls verlorene Zeit. Im Gegenteil: Es geht darum, dass Sie so optimal wie möglich lernen. Wenn Sie ausgepowert sind und trotzdem weiterlernen, werden Sie ineffizient. Damit vergeuden Sie wertvolle Zeit!

Ich liebe die Mittagsruhe, und ich habe sie bitter nötig!
Eine Zeitlang war mir das wirklich peinlich,
mich mittags hinlegen zu können,
doch vier Stunden Training können sehr anstrengend sein.[98]

[Franziska van Almsick]

Die Lernzeit

Es empfiehlt sich, nicht länger als vier Stunden (acht halbe Stunden) am Tag zu lernen. Anschließend können Sie sich Ihren allgemeinen Aufgaben oder Ihrer Freizeit widmen. Während dieser Zeit wird das Gelernte verarbeitet.

In meiner Jugend habe ich mich viel schneller bewegt als heute,
dadurch aber auch viel verpasst.
Meine Krankheit hat mich gelehrt,
mich langsamer zu bewegen und kleine Schritte zu machen.[99]

[Muhammad Ali]

Jeder Mensch hat seinen eigenen Biorhythmus. Dies bedeutet, dass Sie zu bestimmten Zeiten unterschiedlich leistungsfähig sind. Allgemeingültig ist, dass nahezu alle Menschen am Vormittag ihre aufnahmefähigste Zeit haben. Gewöhnen Sie sich deshalb nach Möglichkeit an, die schwierigsten Aufgaben immer am Vormittag zu erledigen. Hier ist Ihre Leistungskurve am besten.

Zwischen 12 und13 Uhr beginnt das Mittagstief. Der Geist braucht nun Zeit, um zu entspannen, um wieder neue Ressourcen aufzubauen. Deshalb sollten Sie in dieser Zeit eine lange Pause machen.

Zwischen 14 und 17 Uhr steigt die Leistungskurve erneut an. Nun gilt es wieder, herausfordernde Aufgaben zu erledigen. Vor allem für Berufstätige und Personen, die bis zum Nachmittag

---

98 van Almsick, Franziska: *Aufgetaucht*, S. 56.

99 Ali, Muhammad/Ali, Hana Yasmeen: *Mit dem Herzen eines Schmetterlings*, S. 217.

anderen Verpflichtungen nachgehen, spielt dies eine entscheidende Rolle. Nutzen Sie den (späten) Nachmittag zum Lernen. Dann arbeitet Ihr Gehirn wieder effektiv.

Der Lerninhalt

Widmen Sie sich immer nur einer einzigen Aufgabe, d. h., lernen Sie nur für ein Fach oder ein Thema. Das Gehirn muss in der Prüfungszeit Hochleistungen vollbringen. Alles muss vom Kurz- ins Langzeitgedächtnis transportiert werden. Deshalb ist es wichtig, dass Sie sich immer längere Zeit mit einem Inhalt beschäftigen. Dadurch wird der Stoff besser abgespeichert und später auch leichter wieder abgerufen.

Die Lernwiedergabe

Wenn Sie einen Text gelesen haben, so wiederholen Sie ihn.

- Sind Sie ein auditiver Typ (Hauptsinnesorgane sind die Ohren), dann sagen Sie sich den Text laut auf.
- Sind Sie ein visueller Typ (Hauptsinnesorgane sind die Augen), dann rekapitulieren Sie ihn vor Ihrem geistigen Auge, oder schreiben Sie das Gelernte stichwortartig auf.

Die Lerngruppe

Arbeiten Sie auch in einer Lerngruppe. Drei Personen sind optimal. Allerdings sollten diese drei Personen das gleiche Lernpensum und Ausgangsniveau haben. Die Lerngruppe bietet Ihnen viele Vorteile:

- Sie trainieren, vor anderen zu sprechen.
- Sie können sich gegenseitig abfragen.
- Sie wissen, wo Sie sich mit dem Lernstoff befinden.
- Sie steigern Ihre Motivation.
- Sie haben mehr Spaß.

Wichtig ist nur, dass hierbei nicht wertvolle Zeit vergeudet wird. Die Pausengestaltung muss genau abgesprochen und eingehalten werden. Achten Sie darauf, dass Sie sich nicht gegenseitig herunterziehen, sondern – ganz im Gegenteil – anspornen.

Das Training zeigte Wirkung, ich verbesserte mich enorm,
die Trainingsgruppe fing mich auf, spornte mich an,
forderte mich und brachte mir meine Freude am Schwimmen zurück.[100]

[Franziska van Almsick]

Damals lernte ich noch eine weitere wichtige Lektion.
Obwohl ich derjenige war, der im Ring stand,
konnte ich nur als Teil eines Teams gewinnen.[101]

[Muhammad Ali]

Die Lernenergie

Haben Sie irgendwann das Gefühl, dass Sie nichts mehr behalten oder alles vergessen haben, so ist das normal. Kein Grund zur Panik. Gönnen Sie sich dann eine längere Lernpause. Der Geist muss sich erholen. Nach einer längeren Pause sind Sie wieder fit!

Energie ist ein wichtiger Bestandteil der Höchstleistungszone. Wenn Sie zu wenig Energie haben, leiden die Leistungen zwangsläufig darunter. Ihr Energiespiegel kann durch zuviel Arbeit auf einen absoluten Tiefstand fallen. Die Prüfungsvorbereitungszeit ist eine Zeit absoluter Höchstbelastung. Sie müssen sicherstellen, dass Sie im Ernstfall genügend Energiereserven zur Verfügung haben.

---

100 van Almsick, Franziska: *Aufgetaucht*, S. 53.

101 Ali, Muhammad/Ali, Hana Yasmeen: *Mit dem Herzen eines Schmetterlings*, S. 54.

Die Lernhaltung

Die Einstellung, mit der Sie an eine Aufgabe herangehen, und der innere Dialog, den Sie führen, gehören zu den Faktoren, die Ihr Energieniveau beeinflussen. Fitness, Schlaf, gesunde Ernährung sind nun besonders wichtig. Geben Sie Ihrem Körper die optimale Unterstützung!

> Je fitter du bist für die physischen Belastungen eines Rennens, desto besser für die Konzentration.[102]
>
> **[Michael Schumacher]**

Sport und Fitness haben einen großen Einfluss auf die Stimmungslage. Bewegung ist eine wirksame Möglichkeit, ein hohes Energieniveau aufrecht zu erhalten.

Leichte Gymnastik und Dehnübungen wirken belebend und energiefördernd. Beide regen den Kreislauf an und verbessern die Sauerstoffzufuhr. Dadurch erhöht sich die Energie, die Gehirn und Muskeln zugeführt wird. Achten Sie allerdings darauf, dass die Übungen vor einer anspruchsvollen Aufgabe nicht zu anstrengend sind.

> Ich trainiere einfach gern –
> das hängt nicht nur mit dem Skisport zusammen,
> es geht mir um körperliche Fitness,
> das Wohlbefinden, um Lebensgefühl.[103]
>
> **[Hermann Maier]**

Der Lernwille

Der Durchhaltewille wird in der Prüfungsvorbereitungszeit auf eine harte Probe gestellt. Sehr schnell beschleicht Sie das Gefühl, dass das Leben freudlos und ohne jegliche Aussicht auf Besserung ist.

---

102 Schumacher, Michael/Kehm, Sabine/Comte, Michel: *Michael Schumacher*, S. 125.

103 Maier, Hermann/Okresek, Knut: *Das Rennen meines Lebens*, S. 376.

Nichts gibt nun mehr Antrieb als der Gedanke an das Ziel, das Sie anstreben. Das Siegerbild Ihres großen Traums erfüllt Sie mit neuer Energie.

Benutzen Sie jetzt anspornende Energieformeln:

- Los, los!
- Aber jetzt!
- Nichts kann mich aufhalten!
- Jetzt werde ich es euch zeigen!
- Jetzt sollt Ihr mich kennen lernen!

Da muss ich durch, ich muss weiterkommen.[104]

[Hermann Maier]

Denken Sie daran:

Nur wer bereit ist, einen hohen Preis zu bezahlen, der wird sein Ziel erreichen.

Erst heute sehe ich, wieviel Arbeit, Zeit und Disziplin ich aufwenden musste, um meine Erfolge zu erringen![105]

[Franziska van Almsick]

Ich habe dann so hart wie noch nie zuvor im Leben trainiert![106]

[Boris Becker]

Von Anfang an wollte ich unbedingt der beste Boxer aller Zeiten werden. Mir war klar, dass ich mit voller Konzentration und vollem Einsatz daran arbeiten musste.[107]

[Muhammad Ali]

---

104 ebd., S. 54..

105 van Almsick, Franziska: *Aufgetaucht*, S. 100.

106 Becker, Boris: *Augenblick, verweile doch ...,* S. 88.

107 Ali, Muhammad/Ali, Hana Yasmeen: *Mit dem Herzen eines Schmetterlings*, S. 53.

Denn so bin ich nun mal. Ich kann nicht anders.
Wenn ich etwas mache, dann voller Inbrunst, mit totalem Einsatz.[108]

[Michael Schumacher]

Ich bin nicht das überragende Talent,
aber ich habe eine überdurchschnittliche Einstellung
und habe immer sehr hart und konsequent an mir gearbeitet.[109]

[Jürgen Klinsmann]

Aufgabe 11
Arbeitsbogen Nr. 9: Ihr Lerntrainingsplan

Auf dem Arbeitsbogen Nr. 9 auf Seite 173 finden Sie eine Erklärung zu Ihrem Lerntrainingsplan. Anhand von drei Beispielen können Sie sich danach für einen Plan entscheiden. Anschließend erfahren Sie, wie Sie es schaffen, Ihren Lerntrainingsplan motiviert bis zur Prüfung durchzuführen.

Sollten Sie Ihren Plan einmal nicht einhalten können, so hadern Sie nicht mit sich. Lassen Sie sich nicht entmutigen. Dies ist ein schlimmer Motivationskiller. Loben Sie sich für das, was Sie bisher erreicht haben und erhöhen Sie einige Tage lang das Lernpensum, damit Sie das Versäumte wieder aufholen.

Wenn du hart arbeitest, Entbehrungen in Kauf nimmst
und nie aufhörst, an dich zu glauben,
dann kommt alles irgendwann einmal wieder zurück![110]

[Hermann Maier]

---

108 Schumacher, Michael/Kehm, Sabine/Comte, Michel: *Michael Schumacher*, S. 51.

109 Horeni, Michael: *Klinsmann: Stürmer Trainer Weltmeister*, S. 61.

110 Maier, Hermann/Okresek, Knut: *Das Rennen meines Lebens*, S. 286.

Wichtige Lernhinweise

Es gibt viele Prüfungskandidaten, die durch Prüfungen fallen, obwohl sie sich lange mit dem Stoff beschäftigt und viel gelernt haben. In diesem Fall haben es die Lernenden dann nicht verstanden, sich systematisch vorzubereiten. Die Bewertung: „Ich kann soviel lernen wie ich will, bei mir hat das alles keinen Sinn!" ist schnell zur Hand – Eine neue negative Schublade wird angelegt, welche ein zukünftiges Lernverhalten ebenso negativ beeinflussen wird.

Menschen, die sich ohne Probleme eine große Menge Lernstoff merken und ihn leicht abrufen können, sind dabei nicht intelligenter als andere, sondern sie verfügen lediglich über geeignete Lerntechniken. Wissenschaftliche Untersuchungen haben festgestellt, dass dann effektiv gelernt wird, wenn der Stoff gedanklich auf unterschiedliche Weise bearbeitet wird. Das alleinige Lesen stellt keine gute Lernstrategie dar, sondern die Texte müssen auch nachbearbeitet werden.

Der Lernprozess wird durch Mitschreiben wesentlich beeinflusst. Auch hier stellten Untersuchungen fest: mitgeschriebene Texte werden nach einer Woche siebenmal häufiger erinnert, als Gedanken, die nicht schriftlich fixiert wurden. Dabei müssen die Mitschriften gut strukturiert sein, um diesen Effekt zu erzielen. Texte müssen auf das Wesentliche gekürzt werden; was zählt, sind die Fakten. Je weniger Nebensächliches und Überflüssiges notiert wird, umso besser wird gelernt.

Möglichkeiten für die Reduzierung von Informationen:

- Unterstreichen der wichtigsten Punkte
- Herausschreiben der zentralen Begriffe
- Durchstreichen von Unwesentlichem
- Text unter bestimmten Fragestellungen durcharbeiten
- Zusammenfassung in eigenen Worten

Die besten Tipps für effektives Lernen

- Aktivierung des Unterbewusstseins: Wiederholen Sie das Gelernte vor dem Schlafengehen
- Festigung über den auditiven Kanal: Sprechen Sie die Zusammenfassung des Inhalts auf Band und hören Sie sich es immer wieder an.
- Inhalte verstehen versus Auswendiglernen: Schreiben Sie sich Stichworte heraus und halten Sie einen Vortrag über den Lernstoff.
- Festigung des Lerninhalts: Erzählen und erklären Sie jemandem im Gespräch, was in Ihren Texten steht.
- Nachspielen der Prüfungssituation: Lassen Sie sich abhören.
- Vertiefung des Lerninhalts und Wissens-Check: Stellen Sie sich selber Fragen zum Text und beantworten Sie diese Fragen laut.
- Knüpfen von Zusammenhängen: Setzen Sie die Informationen in Bezug zu schon bekannten Inhalten.

! Denken Sie daran:

Je kreativer Sie sich mit dem Lernstoff auseinandersetzen, umso größer wird Ihr Lernerfolg

Es gibt unterschiedliche Lerntechniken. Suchen Sie sich eine Lerntechnik aus, die zu Ihnen passt. Literaturhinweise zu Lerntechniken finden Sie im Anhang.

Fazit:
Ihr Trainingsplan für Strategie V:
Der Lerntrainingsplan

- Besorgen Sie sich sämtliche Lern-Infos.
- Lernen Sie ausschließlich nach Ihrem Lerntrainingsplan.
- Erstellen Sie Ihren Plan nach Ihrem Biorhythmus.
- Lernen Sie niemals länger als eine halbe Stunde am Stück.
- Achten Sie auf eine optimale Pausengestaltung.
- Verlassen Sie während der Pausen immer den Arbeitsplatz.
- Sorgen Sie dafür, dass Sie das Lernpensum zunächst verstehen.
- Teilen Sie das Pensum in kleine Einheiten auf.
- Üben Sie während der Pausen keine aufreizenden Tätigkeiten aus (Fernsehen gucken, anspruchsvolle Literatur lesen oder Streitgespräche führen). In den Pausen soll das Gelernte abgespeichert werden.
- Visualisieren Sie immer wieder Ihr Siegerbild.
- Spornen Sie sich mit Ihren Mut- und Anfeuerungssätzen an!

Strategie VI: Die Hindernisse

Wie Sie mit künftigen Problemen effektiv umgehen

Wenn Sie ihre Bestimmung gefunden haben,
können Ihnen auch alle Hindernisse nichts anhaben![111]

[Muhammad Ali]

Sie haben nun fünf Strategien kennen gelernt, die Sie zu einer erfolgreichen Prüfung führen können. Vielleicht freuen Sie sich darauf, nun alles in die Tat umzusetzen! Voller guter Vorsätze und hoch motiviert begeben Sie sich an die Arbeit!

Doch vielleicht kennen Sie das ja bereits: Sie starten voller Elan, aber dann holt der Alltag mit seinen Hindernissen Sie wieder ein:

- Da ist Ihre Umwelt, die noch nichts von Ihren neuen Strategien gehört hat. Diese Mitmenschen begegnen Ihnen und Ihrer Veränderung vielleicht voller Skepsis und stellen die Wirksamkeit solcher Strategien in Frage. Die ersten Zweifel machen sich dann auch bei Ihnen bemerkbar.
- Da ist Ihr innerer Schweinehund, der sich nach und nach immer mehr in Ihnen ausbreitet. Er will Sie zu Faulheit und/oder angeblich wichtigeren Dingen überreden. Allzu gerne lassen Sie sich von seinen Argumenten überzeugen.
- Da sind auch diese schwierigen Verhaltensänderungen. Immer wieder muss man an sich arbeiten, neue Wege ausprobieren und die gewohnten Pfade verlassen.

111 Ali, Muhammad/Ali, Hana Yasmeen: *More Than A Hero*, S. 71.

- Da ist dieser Lerntrainingsplan, mit seinen strikten Zeitabläufen. Was soll das Ganze? Geht es nicht auch ohne ihn?

So oder ähnlich geht es vielen Menschen. Nach einer anfänglichen Euphorie verblassen die guten Vorsätze. Langsam aber sicher öffnen Sie wieder Ihre alten Schubladen. Sie spulen das altbekannte Programm ab und arrangieren sich ganz allmählich wieder mit den eigenen Unzulänglichkeiten.

> Wie oft habe ich mir gewünscht, dass jemand für mich entschied,
> ob ich zum Training gehen sollte oder nicht.
> Es war zum Verzweifeln, ich hatte Angst zu pausieren,
> fürchtete aber auch, einfach umzufallen.[112]

[Franziska van Almsick]

Der Sportler kennt dieses Gefühl nur allzu gut. Tagtäglich begegnen ihm viele Hindernisse auf dem Weg zu seinem Ziel:

- das frühe Training,
- die permanente Erschöpfung,
- der strikte Essensplan,
- die Sponsorenverpflichtungen,
- die Gemeinheiten der Presse,
- die unüberschaubare und lange Trainingssaison,
- der hohe Konkurrenzdruck,
- die Aufregung vor dem nahenden Wettkampf.

Durch die Fehleranalyse weiß der Sportler, was er in der Vergangenheit falsch gemacht hat und was er verbessern muss. Da er weiß, wie der Mensch funktioniert, und mit Hilfe der Mut- und Anfeuerungssätze kann er gegenwärtige Herausforderungen optimal angehen. Fehlt also nur noch ein entsprechendes Rüstzeug für alle Eventualitäten und Hindernisse.

---

112 van Almsick, Franziska: *Aufgetaucht*, S. 63.

In deinem Leben wird es Rückschläge geben.
Es wird Herausforderungen geben, es wird Hindernisse geben.
Manchmal wirst du das Gefühl haben,
die Hindernisse seien unüberwindbar.
Das sind die Zeiten, in denen du stark sein musst.[113]

[Muhammad Ali]

Wer zu früh sagt, er habe alles im Griff, wird blind
für die entscheidenden Nuancen.[114]

[Michael Schumacher]

Der erfolgreiche Sportler bereitet sich also auf alle Eventualitäten vor. Er setzt sich genauso mit zukünftigen Hindernissen auseinander wie mit seinen Fehlern, Niederlagen und Schwächen. Wenn sich diese Barrieren dann vor ihm aufbauen, erkennt er sie frühzeitig und kann optimal mit ihnen umgehen, denn er ist darauf vorbereitet.

Ein Mensch, der seine Aufgabe kennt, ist viel mächtiger
als zehntausend Menschen ohne dieses Wissen.[115]

[Muhammad Ali]

Wenn Sie das Ziel haben, Ihre Prüfung erfolgreich zu bestehen, dann sollten Sie sich ebenfalls vorab mit allen möglichen Eventualitäten und Hindernissen beschäftigen. Wenn Sie wissen, was Sie von Ihrem Weg abringen kann, wird Sie dieses Hindernis nicht schwächen. Vor allem dann nicht, wenn Sie einen Handlungsplan haben. Deswegen erfolgt eine optimale Vorbereitung auf sämtliche Hindernisse durch:

1. Eine Hindernis- Analyse: Was kann mich alles von meinem Weg abringen?
2. Einen Hindernis- Handlungsplan: Wie gehe ich mit akuten Hindernissen effektiv um?

---

113 Ali, Muhammad/Ali, Hana Yasmeen: *Mit dem Herzen eines Schmetterlings*, S. 276.

114 Schumacher, Michael/Kehm, Sabine/Comte, Michel: *Michael Schumacher*, S. 125.

115 Ali, Muhammad/Ali, Hana Yasmeen: *More Than A Hero*, S. 48.

Schritt 1: Die Hindernis-Analyse

Der erste Schritt bei der Hindernis-Analyse besteht in der Erkenntnis, dass es sich um innere und äußere Hindernisse handeln kann. Bevor Sie sich also an Ihre eigene Hindernis-Analyse begeben, sollten Sie sich den Unterschied zwischen inneren und äußeren Hindernissen bewusst machen.

Innere Hindernisse

Die inneren Hindernisse produzieren Sie selbst. Das heißt, Sie legen sich selber Hürden in den Weg. Dabei tun Sie dies meistens nicht in böser Absicht. Manchmal hat es schon seinen Grund, warum Sie gerade

- erst einmal die komplette Wohnung aufräumen,
- einige vermeintlich wichtige Anrufe tätigen,
- ein kurzes Schläfchen halten,
- schnell noch die E-Mails checken,
- heute mal nicht lernen,
- morgen mit all dem anfangen.

Aber, wie gesagt, liegt dieser wichtige Grund eben nur manchmal vor. Die Entscheidung für die willkommene Abwechslung vom Lerntrott ist jedoch sehr schnell getroffen. Somit handelt es sich meistens eher um vorgeschobene Dringlichkeiten oder gar Ausreden als um einen wirklich wichtigen Grund.

Der so genannte innere Schweinehund steht wohl bezeichnend für die inneren Hindernisse. Seine Absichten sind selten schlecht, denn er möchte ja eigentlich nur das Beste für Sie: Möglichst keine Veränderungen und, wenn's geht, schön gemütlich.

Doch Prüfungen, und vor allem deren Vorbereitung, bedeuten enorme Veränderungen in Ihrem alltäglichen Tagesablauf. Deshalb werden Sie gerade in der Prüfungsvorbereitungsphase durch sämtliche Entscheidungen, die Ihr innerer Schweinehund für Sie fällt, blockiert.

Denken Sie daran:

Machen Sie sich bewusst, mit welchen vermeintlich guten Gründen und anschließenden Aktionen Sie sich schlichtweg vom Lernen abhalten.

Natürlich gehören zu den inneren Hindernissen auch die

- Selbstzweifel, wenn mal wieder nichts richtig klappt.
- Lernschwierigkeiten, wenn Sie den Stoff nicht verstehen.
- Motivationslosigkeit, wenn sich der so genannte Hänger breit macht.
- Überbewertung, wenn Sie von Kollegen, Mitschülern oder Kommilitonen mit Killerphrasen heruntergezogen werden.

Stell dich immer den Dingen, vor denen du Angst hast!
Mir wurde klar, dass wir nur dann mutig sind,
wenn wir etwas zu verlieren haben und es trotzdem versuchen.
Ohne Angst können wir gar nicht mutig sein.[116]

[Muhammad Ali]

Die Zweifel von anderen an mir – die stören mich nicht.
Belasten würde es mich, wenn ich selber an mir zweifle.
Dann würde es schwierig werden.
Aber ich bin mir meiner Sache sicher.
Weil ich weiß, was ich kann und dass ich viel gelernt habe.
Ich weiß, was ich für Stärken und Probleme habe.[117]

[Steffi Graf]

116 Ali, Muhammad/Ali, Hana Yasmeen: *More Than A Hero*, S. 63.

117 Schütt, Hans-Dieter: *Steffi Graf: Superstar*, S. 246.

Äußere Hindernisse

Die äußeren Hindernisse sind meistens nicht von Ihnen beeinflussbar. Sie kommen, wie der Name schon sagt, von außen auf Sie zu:

- eine Erkrankung,
- ein wichtiger Termin, der zusätzlich mit Arbeit verbunden ist,
- gesellschaftliche Verpflichtungen mit Familie und Freunden.

Äußere Hindernisse sind aufgrund ihrer Vielfalt schwer zusammenzufassen. Dies soll auch nicht das Ziel sein. Es geht viel mehr darum, dass Sie sich bewusst machen, dass solche Hindernisse auf Sie zukommen können und auch werden. Wenn sie dann eintreten, sind Sie dank dieses Kapitels zumindest gewappnet.

Es sind nicht die zu erklimmenden Berge vor dir,
die dich erschöpfen.
Es ist der Kieselstein in deinem Schuh.[118]

[Muhammad Ali]

Schritt 2: Der Hindernis-Handlungsplan

Wenn Ihnen bewusst geworden ist, dass innere sowie äußere Hindernisse auf Sie zukommen werden, können Sie einen spezifischen Handlungsplan erstellen. Dieser Plan wird Ihnen helfen, die Hindernisse

118 ebd., S. 79.

- frühzeitig zu erkennen,
- sie aus dem Weg zu räumen oder
- sie zu umgehen.

> Wenn ich vor einem Hindernis stand, dann gab ich nicht auf, sondern suchte mir einen Weg darunter, darüber oder darum herum.[119]
>
> **[Muhammad Ali]**

Handlungsplan für innere Hindernisse

In Bezug auf Ihren inneren Schweinehund müssen Sie sehr streng mit sich sein. Hinterfragen Sie alle Handlungen, die während Ihrer Lerntrainingszeit nichts mit dem Lernen zu tun haben:

- Was mache ich hier gerade?
- Bringt mich diese Erledigung zu meinem Ziel „Erfolgreiche Prüfung"?
- Muss ich diese Erledigung gerade jetzt machen?
- Hat mein innerer Schweinehund die Entscheidung für diese Erledigung getroffen, oder war ich es?

Sie werden feststellen, dass ein Großteil der Erledigungen, die Sie während der Lernzeit machen, nicht unbedingt wichtig sind.

Denken Sie daran:

Eine blitzblanke Wohnung bringt Sie nicht erfolgreich durch die Prüfung!

Alle beantworteten E-Mails bringen Sie nicht erfolgreich durch die Prüfung!

Mehrere lernfreie Tage bringen Sie nicht erfolgreich durch die Prüfung!

---

119 Ali, Muhammad/Ali, Hana Yasmeen: *More Than A Hero*, S. 22.

Lernschwierigkeiten und Motivationslosigkeit treten während der Prüfungsvorbereitung immer wieder einmal auf. Wenn Sie sich über eine längere Zeit intensiv mit einem Thema auseinander setzen, sind die Hänger etwas ganz Normales. Wichtig ist der Umgang mit diesen inneren Hindernissen!

Killerphrasen und Selbstzweifel sind an dieser Stelle absolut falsch – sie verschlimmern Ihre Situation! Deswegen sagen Sie sich rechtzeitig: „STOPP!" Gerade hier gilt es, konsequent alle Strategien einzuhalten! Mobilisieren Sie sofort alle guten Eigenschaften, die Sie bereits unter Beweis gestellt haben. Glauben Sie an die Wirksamkeit der Strategien.

Die dummen Gefühle 'rausprügeln,
die Mechanik rein,
immer wieder.[120]

[Boris Becker]

Sie wissen und fühlen, dass diese Strategien Sie zum Erfolg führen werden!

- Erinnern Sie sich an Ihre Mut- und Anfeuerungssätze! Diese Sätze werden Ihr Unterbewusstsein positiv beeinflussen und in Kampfbereitschaft versetzen.
- Erinnern Sie sich immer wieder an Ihr Siegerbild! Sie haben ein herausforderndes Ziel, das Sie unbedingt erreichen wollen. Für dieses Ziel gilt es zu kämpfen. Sie sind stark!
- Erinnern Sie sich an Ihre Erfolge! Sie haben bereits gezeigt, dass Sie ein Ziel aus eigener Kraft erreichen können, wenn Sie es wollen. Sie besitzen Durchhaltevermögen und Selbstdisziplin!
- Erinnern Sie sich daran, dass Sie aus Ihren Fehlern und Schwächen lernen können. Jede Niederlage lässt Sie wachsen. Nur wer wagt, kann gewinnen!
- Erinnern Sie sich an Ihren Trainingsplan. Dieser Plan hilft Ihnen, klare Strukturen zu schaffen, damit Sie organisiert Ihr Ziel erreichen!

---

120 Becker, Boris: *Augenblick, verweile doch ...,* S. 84.

... dann muss man die Kraft haben zu sagen:
Ich gehe jetzt diesen Weg und ich weiß, warum.[121]

[Jürgen Klinsmann]

Es zählt der Sieg über sich selber,
und dass man halt einfach nicht aufgibt.[122]

[Hermann Maier]

Handlungsplan für äußere Hindernisse

Wenn äußere Hindernisse wie eine Erkrankung oder ernst zunehmende Termine und Aufgaben auf Sie zukommen, dann ist Ihr Lerntrainingsplan Ihre Rettung.

Mit Hilfe Ihres Lerntrainingsplans wissen Sie, wo Sie genau stehen. Tritt nun ein unerwartetes Ereignis ein und raubt Ihnen wertvolle Lernzeit und Energie, können Sie direkt handeln. Strukturieren Sie Ihren Lerntrainingsplan jetzt so um, dass Sie die verloren gegangene Zeit wieder gut machen. Der Lerntrainingsplan hat somit zwei Vorteile:

1. Sie können das unerwartete Ereignis konzentriert erledigen und hinter sich bringen.
2. Sie können durch die genaue Übersicht und die Pufferzonen in Ruhe weiterlernen.

Hier sehen Sie nochmals die Bedeutung des Lerntrainingsplans. Die Wahrscheinlichkeit, dass Sie mit äußeren Hindernissen jeglicher Art während der Prüfungsvorbereitung konfrontiert werden, ist sehr hoch. Der Lerntrainingsplan ist praktisch der Schlüssel zum Erfolg – er zeigt Ihnen den richtigen Weg zu Ihrer erfolgreichen Prüfung.

---

121 Mende, Jens: *Jürgen Klinsmann. Wie wir Weltmeister werden*, S. 34.

122 Maier, Hermann/Okresek, Knut: *Das Rennen meines Lebens*, S. 90.

Das Training war das Wichtigste für mich.[123]

[Hermann Maier]

Aufgabe 12
Arbeitsbogen Nr. 10: Hindernisse

Beschäftigen Sie sich jetzt auf Seite 180 mit Ihren inneren und äußeren Hindernissen. Werfen Sie einen Blick in die Zukunft. Was könnte Sie alles vom Lernen abhalten? Hilfreich ist hierbei auch oft ein Blick auf die eigenen Fehler aus der Vergangenheit (Arbeitsbogen Nr. 8). Häufig erkennen Sie hier schon einige Stolpersteine, die Ihnen nochmals in der Zukunft begegnen können.

Außerdem: Machen Sie sich bewusst, was wirklich wichtig ist und handeln Sie! Überlassen Sie Ihr Lernmanagement Ihrem Lerntrainingsplan – er sagt Ihnen, was wann zu tun ist.

Champions werden nicht in Sporthallen geboren.
Champions werden aus etwas geboren,
das tief in unserem Inneren verborgen ist –
einem Wunsch, einem Traum, einer Vision.
Sie müssen die Fähigkeiten und den Willen haben.
Aber der Wille muss stärker sein als die Fähigkeiten.[124]

[Muhammad Ali]

123 Maier, Hermann/Okresek, Knut: *Das Rennen meines Lebens*, S. 74.

124 Ali, Muhammad/Ali, Hana Yasmeen: *More Than A Hero*, S. 193.

Fazit:
Ihr Trainingsplan für Strategie VI: Die Hindernisse

- Erkennen Sie, wenn Sie aufgehalten werden.
- Bleiben Sie ruhig!
- Halten Sie unerschütterlich an Ihren Strategien fest!
- Halten Sie sich an Ihren Lerntrainingsplan!
- Geben Sie nicht auf und kämpfen Sie weiter – bald haben Sie es geschafft!

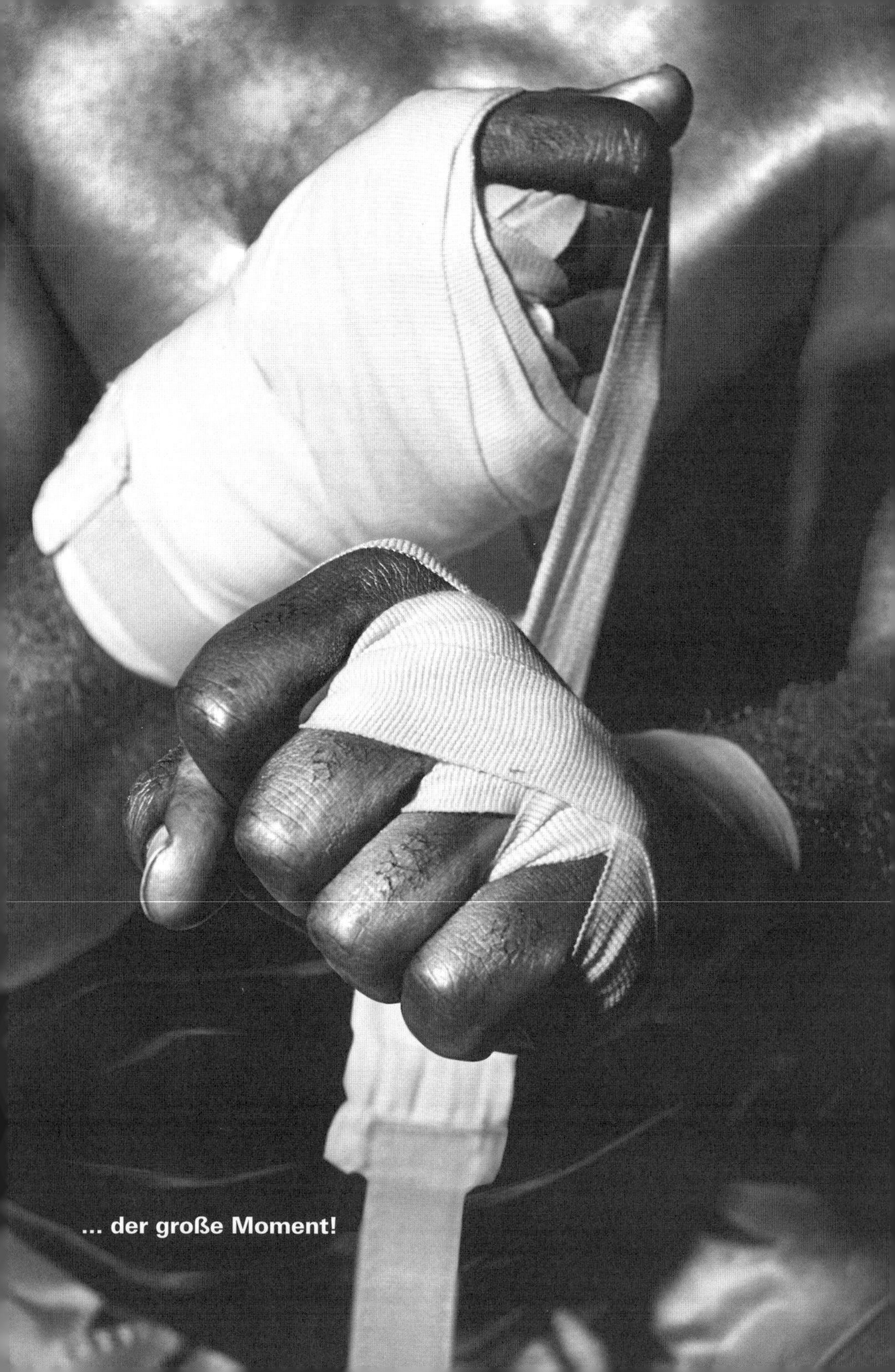
... der große Moment!

Strategie VII: Das Ziel

Wie Sie Ihre Prüfung erfolgreich bestehen

> Von Anfang an hatte ich auf dieses Ziel hingearbeitet.
> All das harte Training, all die Opfer, die ich gebracht hatte,
> alle Portionen Kuchen und Eiskrem, auf die ich verzichtet hatte.
> ... Alles war nur die Vorbereitung auf diesen Moment.[125]
>
> **[Muhammad Ali]**

Es ist soweit! Mit der letzen Strategie geht es an Ihren Zieleinlauf. Diese siebte Strategie wird Sie zu Ihrer erfolgreichen Prüfung führen, und zwar durch drei verschiedene Stadien:

1. Die letzten Stunden vor dem Prüfungstag – Entspannen Sie sich!
2. Die letzten Minuten vor der Prüfung – Ihr Countdown
3. Der entscheidende Moment während der Prüfung – Ihr Ziel

Die Strategie der Zielerreichung wird Sie durch alle drei Phasen begleiten und Ihnen zu jedem Zeitpunkt die richtigen Tipps mit auf Ihren Weg geben.

Was für Sie die Prüfung ist, ist für den Sportler das entscheidende Spiel, der Wettkampf oder das Rennen. Für Sie beide ist es das große Ziel, auf das Sie sich seit Wochen vorbereitet haben. Sie, genauso wie der Sportler, haben sich mit den *Bestanden wird im Kopf*-Strategien auseinander gesetzt und sich diese zunutze gemacht. Es gilt jetzt, das Gelernte in Ihrer Prüfung in die Tat umzusetzen, also zu Papier zu bringen oder der Prüfungskommission vorzutragen.

---

125 ebd., S. 130.

Denken Sie daran:

Ihre Strategien haben sich in unzähligen Wettkämpfen, Spielen, Rennen und auch Prüfungen bewährt.

Die letzten Stunden vor dem Prüfungstag: Entspannen Sie sich!

... aufgrund meiner persönlichen Erfahrung möchte ich sagen, dass letztlich die innere positive Einstellung zu Leistung und Erfolg von entscheidender Bedeutung ist.[126]

[Steffi Graf]

Der große Tag ist nun in greifbarer Nähe! Doch Sie können gelassen bleiben, denn

- Sie haben alle Strategien genutzt!
- Sie sind selbstbewusst und kämpferisch durch die Prüfungsvorbereitung gegangen!
- Sie haben sich an Ihren Trainingsplan gehalten und organisiert gelernt!

Vertraue deinen Stärken![127]

[Hermann Maier]

Es ist jetzt ganz normal, dass Ihr Stresspegel steigt, je näher der Prüfungstag rückt. Sie brauchen jetzt diese Stresshormone, um konzentriert in die Prüfung gehen zu können. Nach neuesten

126 Graf, Stefanie/Schmidt, Karlheinz: *Wege zum Erfolg*, S. 8.

127 Maier, Hermann/Okresek, Knut: *Das Rennen meines Lebens*, S. 389.

wissenschaftlichen Erkenntnissen besteht derjenige Prüfungen (Wettkämpfe) am besten, der einen mittleren Stresspegel hat.

Ich habe keine Beruhigungsmittel genommen,
weil ein Spieler nervös sein muss,
um Leistung zu bringen, extrem nervös sogar.[128]

[Boris Becker]

Anspannung, Nervosität und Respekt sind immer mit im Spiel,
da kannst du machen, was du willst.[129]

[Franziska van Almsick]

Sonny Liston war groß und stark.
Ich glaubte, dass ich ihn besiegen konnte,
aber ich hatte trotzdem ein bisschen Angst vor ihm.[130]

[Muhammad Ali]

Am Tag vor der Prüfung intensiviert der Spitzensportler seine Entspannungsübungen. Er weiß, wie wichtig seine körperliche und mentale Form ist.

Dies gilt auch für Sie. Sie haben Ihre ganz persönliche Entspannungstechnik in den letzten Wochen regelmäßig angewendet. Achten Sie darauf, diese Übungen in den Tagen vor der Prüfung sehr häufig in Ihren Alltag einzubauen. Ihr Unterbewusstsein wird dadurch immer wieder positiv beeinflusst.

Rechtzeitig vor Matchbeginn absolvierte ich bestimmte Atem-, Stretch
und Yogaübungen, um meine Konzentrationsfähigkeit aufzubauen
und dann auf dem Platz diese Fokussierung abrufen zu können.[131]

[Boris Becker]

---

128 Becker, Boris: *Augenblick, verweile doch ...*, S. 92.

129 van Almsick, Franziska: *Aufgetaucht*, S. 170.

130 Ali, Muhammad/Ali, Hana Yasmeen: *More Than A Hero*, S. 123.

131 Becker, Boris: *Augenblick, verweile doch ...*, S. 22.

Nur wenn ich entspannt und ruhig bin,
bin ich empfindsam genug, das Wasser zu fühlen.[132]

Wir suchten nach dem Gefühl zu mir selbst und aktivierten Energiereserven.
So konnte ich mich entspannen und die vielen Gedanken loslassen,
die mir im Kopf herumgingen.[133]

[Franziska van Almsick]

Für mich ist Abschalten unheimlich wichtig.[134]

[Steffi Graf]

Denken Sie daran:

Sie haben sich gut vorbereitet und deshalb gehen Sie ruhig und gelassen in die Prüfung und bestehen sie!

Fazit:
Ihr Trainingsplan für den Tag vor der Prüfung

- Sagen Sie sich immer wieder Ihre Mut- und Anfeuerungssätze auf.
- Verbieten Sie sich jeglichen Horrorgedanken! STOPP! Seien Sie gnadenlos streng mit sich!
- Lernen Sie am Tag vor der Prüfung nicht mehr. Es ist normal, wenn Sie nun das Gefühl entwickeln, alles vergessen zu haben. Dies geht fast jedem so. Im geeigneten Moment werden Sie Ihr Wissen abrufen können.
- Nutzen Sie den Tag vor der Prüfung, um sich zu entspannen und vielleicht sich verwöhnen zu lassen!

---

132 van Almsick, Franziska: *Aufgetaucht*, S. 24.

133 ebd., S. 148.

134 Schütt, Hans-Dieter: *Steffi Graf: Superstar*, S. 80.

Ich machte mir selbst keinen Druck:
„Wenn's passt, dann passt's!"[135]

[Hermann Maier]

Es gab nun keinen Sinn mehr, intensive Trainingseinheiten zu schwimmen.
Jeden Tag musste ich zur Erholung nutzen
und ansonsten einfach nur warten,
warten auf das Gefühl.[136]

[Franziska van Almsick]

Die letzten Minuten vor der Prüfung: Ihr Countdown

„Jetzt gilt's, jetzt gibt es kein Zurück!" (...)
Wie hart hatte ich auf diesen Augenblick hingearbeitet:
Ich hatte 294 Trainingseinheiten und über 1.000 Trainingsstunden
investiert, war fast 10.000 Kilometer auf dem Rad gesessen,
hatte über 8.000 Tonnen Gewicht zur Kräftigung meiner
kaputten Beine bewegt und mir über 2.000 Mal
zum Laktat Check ins Ohr stechen lassen. (...)
Jetzt war der Augenblick gekommen,
in dem ich alles in kürzester Zeit abrufen musste.[137]

[Hermann Maier]

Nun ist er da, Ihr Prüfungstag. Viele Menschen schlafen in der Nacht vor Ihrer Prüfung nicht besonders gut. Schuld daran ist na-

135 Maier, Hermann/Okresek, Knut: *Das Rennen meines Lebens*, S. 255.

136 van Almsick, Franziska: *Aufgetaucht*, S. 144.

137 Maier, Hermann/Okresek, Knut: *Das Rennen meines Lebens*, S. 272.

türlich die Aufregung. Wenden Sie vor dem Schlafengehen Ihre Entspannungsübung an, Sie werden so besser schlafen können.

Falls Sie am nächsten Morgen müde sein sollten, sorgen Sie sich nicht. Sowie es ans Eingemachte geht, werden Sie wieder fit sein.

Ich wurde in aller Frühe wach, weil ich nicht mehr schlafen konnte. Mir war schlecht, mein Kopf dröhnte, ich konnte unmöglich schwimmen. (...) Doch auch diesmal stellte ich die Flucht nach vorne an. Ich sprang ins Wasser und schwamm los. Ich gewann. In Weltrekordzeit.[138]

[Franziska van Almsick]

Die Momente vor einer Prüfung können sich endlos hinziehen. Erfolgreiche Sportler nutzen diesen Zeitpunkt vor Ihrem Wettkampf, um in sich zu kehren. Sie schotten sich nach außen hin ab und konzentrieren sich auf Ihre Strategien.

Entscheidend ist für mich auf dem Platz immer die Konzentration auf mich selbst.[139]

[Steffi Graf]

Ich habe Scheuklappen auf, wie man so sagt, sitze da wie ein Zombie. Das ist meine Art, mit dem Druck fertig zu werden, mich zu konzentrieren. Alles andere interessiert mich nicht. Ich muss mich in diesen Zustand bringen, mich total abkapseln. Ich bin dann wie in einem Tunnel und habe auch diesen Tunnelblick.[140]

[Boris Becker]

Schon bevor das Rennen startete, vergrub ich meine Gefühle. Ich war so versunken, dass mich nichts mehr erreichen konnte.[141]

[Franziska van Almsick]

---

138 van Almsick, Franziska: *Aufgetaucht*, S. 132.

139 Schütt, Hans-Dieter: *Steffi Graf: Superstar*, S. 55.

140 Becker, Boris: *Augenblick, verweile doch ...*, S. 21.

141 van Almsick, Franziska: *Aufgetaucht*, S. 153.

Nicht den zweiten Schritt vor dem ersten Schritt machen. Ich kann das nicht erklären, ich verdränge alles, vielleicht sogar unbewusst und bewusst zugleich.[142]

[Michael Schumacher]

Denken Sie daran:

Konzentrieren Sie sich auf sich selbst. Rufen Sie sich Ihre Strategien immer wieder auf. Lassen Sie sich nicht von äußeren Dingen stören.

Fazit:
Ihr Trainingsplan für den Moment vor der Prüfung

- Am Prüfungstag selber ist es wichtig, dass Sie frühstücken. Auch wenn Sie sehr aufgeregt sind, ist dies unumgänglich. Ihr Blutzuckerspiegel sinkt sonst ab und Sie sind nicht in der Lage, klar zu denken.
- Trinken Sie ausreichend! Ihr Blut bleibt dadurch dünnflüssig und Ihr Gehirn wird gut durchblutet. Nur so können Sie Höchstleistungen abrufen.
- Fahren Sie so rechtzeitig zum Prüfungsort, dass Sie eventuell auch einen Stau oder eine Panne haben können. Sollte dies nicht der Fall sein, werden Sie natürlich sehr früh am Prüfungsort sein. Begeben Sie sich in diesem Fall noch nicht vor den Prüfungsraum! Gehen Sie spazieren, sagen Sie sich Ihre Mut- und Anfeuerungssätze auf und machen Sie Ihre Atemübungen.
- Etwa eine Viertelstunde vor Prüfungsbeginn sollten Sie zum Prüfungsraum gehen. Jetzt können Sie sich an die Prüfungsatmosphäre gewöhnen.
- Die Zeit unmittelbar vor der Prüfung ist nun besonders wichtig. Ihr Stresslevel ist jetzt extrem hoch. Es ist klar,

142 Schumacher, Michael/Kehm, Sabine/Comte, Michel: *Michael Schumacher*, S. 165.

dass Sie nun einige Stresssymptome verspüren. Herzklopfen, erhöhte Atemfrequenz, feuchte Hände, Zittern usw. zeigen, dass Sie nun gleich hochkonzentriert mit der Gefahr umgehen werden.

- Blenden Sie nun jeglichen Gedanken an die Vergangenheit oder die Zukunft aus.
- Verweilen Sie absolut in der Gegenwart.
- Sagen Sie sich nun immer wieder Ihre Mut- und Anfeuerungssätze auf.
- Betreten Sie den Prüfungsraum mit einem Lächeln. Sie wissen, dass Sie sich gut vorbereitet haben!

Ich musste immer zuerst ein geistiges und körperliches Gefühl für den Platz, das Stadion, die Zuschauer aufbauen, mich mit der Atmosphäre in Übereinstimmung bringen, den Raum atmen.[143]

[Boris Becker]

Während dieser dramatischen Stunden zwischen Vorlauf und Endlauf war ich innerlich ganz taub. So trat ich auf den Startblock. Ich fühlte nichts, sah nichts und hörte nichts. Ich schwamm und gewann in Weltrekordzeit.[144]

[Franziska van Almsick]

Und plötzlich wurde ich ganz ruhig. Ich war völlig im Einklang mit dem, was ich gleich tun würde. Ich wusste, dass ich das Richtige tat, und ich wusste, dass es für mich das Richtige war.[145]

[Muhammad Ali]

143 Becker, Boris: *Augenblick, verweile doch ...,* S. 22.

144 van Almsick, Franziska: *Aufgetaucht*, S. 73.

145 Ali, Muhammad/Ali, Hana Yasmeen: *More Than A Hero*, S. 140.

Denken Sie daran:

Ihr Unterbewusstsein interpretiert Ihre Körperhaltung. Zeigen Sie, dass Sie ein Sieger sind!

Der entscheidende Moment während der Prüfung: Ihr Ziel

Die Halle war voll, und ich war sehr ruhig. Angst hatte ich nun nicht mehr, denn ich kannte die Situation und versuchte, die Gefühle meines Weltrekord-Rennens von vor zwei Jahren hier in derselben Halle zurückzuholen. [146]

[Franziska van Almsick]

Der Startschuss ist gefallen! Es geht los! Ihr großer Moment ist da. Jetzt heißt es, die Arbeit der letzten Wochen auf einen Moment zu fokussieren und abzurufen. Dabei gibt es einen Trick, der von entscheidender Bedeutung ist – bleiben Sie ausschließlich in der Gegenwart. Nun bringt es Ihnen nichts mehr, sich zu fragen, ob Sie genug und richtig gelernt haben. Auch Gedanken an das zukünftige Prüfungsergebnis sind jetzt tabu. Konzentrieren Sie sich ganz auf das Hier und Jetzt mit Fokus auf die Prüfung.

Der Spitzensportler kann nur deshalb seine Höchstleistung im richtigen Moment abrufen, weil

- er in der Gegenwart bleibt,
- er sich von Fehlern nicht aus der Ruhe bringen lässt,
- er sein Programm abspult, egal, was passiert.

146 van Almsick, Franziska: *Aufgetaucht*, S. 139.

Wenn du ein Turnier gewinnen willst, musst du Match für Match denken, Satz für Satz, Punkt für Punkt.[147]

[Boris Becker]

Während der Prüfung ist die Konzentration auf das Hier und Jetzt Ihr Mittel zum Erfolg. Blenden Sie sämtliche Gedanken an Vergangenheit und Zukunft bewusst aus. Es gibt nur diesen einen Moment, in dem Sie handeln können.

Jetzt hatte mich der Kampfgeist richtig gepackt: „So, und jetzt musst du Gas geben!"[148]

[Hermann Maier]

Trotzdem hatte ich es damals geschafft, und plötzlich wusste ich, ich würde es auch diesmal packen. Jetzt erst recht! dachte ich. Ich hatte zuviel für meinen Traum getan um jetzt auszusteigen.[149]

[Franziska van Almsick]

In Bezug auf die Zusammenfassung bzw. Ihren Trainingsplan müssen wir an dieser Stelle zwischen schriftlicher und mündlicher Prüfung unterscheiden.

Fazit:
Ihr Trainingsplan für den Moment während der schriftlichen Prüfung

- Bei der schriftlichen Prüfung haben Sie genügend Zeit, um den Text in Ruhe durchzulesen und zu verstehen. Machen Sie dabei immer wieder die Panikatmung (siehe Kapitel Entspannungstechniken auf Seite 145) und spannen Sie zwischendurch Ihre Muskeln an.

---

147 Becker, Boris: *Augenblick, verweile doch ...*, S. 207.

148 Maier, Hermann/Okresek, Knut: *Das Rennen meines Lebens*, S. 283.

149 van Almsick, Franziska: *Aufgetaucht*, S. 138.

- Beantworten Sie zunächst alle Fragen, bei denen Sie sich sicher fühlen. Dies gibt positive Impulse an Ihr Unterbewusstsein.
- Widmen Sie sich anschließend den Fragen, die Sie noch nicht spontan beantworten können. Sagen Sie sich, dass Sie die Lösung wissen. Rufen Sie sich Ihr Siegerbild in Erinnerung! Sie haben gut gelernt und können alles auch wieder abrufen!
- Wenn Sie trotzdem mit einer Frage Schwierigkeiten haben, können Sie durch den Fokus auf die Gegenwart Ihre gesamte Konzentration auf diese Frage richten.
- Gerade in langen Prüfungen kommt es irgendwann immer einmal vor, dass Sie zwischendurch einen Hänger haben. Erschöpfung, eine schwierige Frage oder einfach Unkonzentriertheit sind meistens die Gründe dafür. Sagen Sie sich auch hier: „STOPP!" Atmen Sie einige Male tief durch und sagen Sie sich dabei Ihren Mut- und Anfeuerungssatz auf. Anschließend ... arbeiten Sie umso konzentrierter weiter.

Im Ring zählt das, was man leisten kann, wenn man bereits erschöpft ist. Das Gleiche gilt im Leben.[150]

[Muhammad Ali]

Kämpfen bis zum umfallen kann man in jedem Spiel, auch wenn es nicht so läuft.[151]

[Jürgen Klinsmann]

150 Ali, Muhammad/Ali, Hana Yasmeen: *Mit dem Herzen eines Schmetterlings*, S. 194.

151 Horeni, Michael: *Klinsmann: Stürmer Trainer Weltmeister*, S. 63.

Fazit: Ihr Trainingsplan für den Moment während der mündlichen Prüfung

- Die mündliche Prüfung ruft bei den meisten Prüfungskandidaten größere Ängste hervor. Sie fürchten eine direkte Blamage. Machen Sie sich frei von solchen Gedanken! Sie sind ein Sieger! Sie können sich nicht blamieren.
- Während der mündlichen Prüfung dürfen Sie durchaus Nervosität zeigen. Allzu sicheres Auftreten fällt auf und erregt meist den Unwillen der Prüfer. Wichtig ist der Blickkontakt zum Prüfer, um eventuelle Hilfen oder warnende Blicke früh erkennen und darauf reagieren zu können.
- Manche Prüfer begrüßen es, wenn vor der Prüfung etwas zu trinken und Gläser bzw. Tassen bereitgestellt werden. Falls sich vorher die Gelegenheit ergibt, sollten Sie von dieser Möglichkeit Gebrauch machen. Spätestens nach zwei Stunden sind Sie sehr dankbar für einen Schluck Kaffee oder Wasser. Den Prüfern geht es dabei natürlich ähnlich!
- Ihre Antworten sollten strukturiert und flüssig erfolgen. Ziel ist es, möglichst lange zu reden, um Prüfungszeit verstreichen zu lassen, sich gleichzeitig aber nicht in unwichtigen Dingen zu verlieren. Viele Prüfer unterbrechen dann den Redefluss, dies könnte Sie verwirren. Es ist empfehlenswert, im Schlusssatz eine neue Problematik anzuschneiden (natürlich eine, in der Sie sich auskennen), die der Prüfer dann aufgreifen kann.
- Können Sie eine Frage nicht beantworten, brauchen Sie nicht in Panik zu verfallen. Bitten Sie den Prüfer um eine neue Frage oder um weitere Informationen. Der Prüfer wird in der Regel seine Frage anders formulieren oder die Frage zurückstellen.
- Bleiben Sie weiterhin absolut in der Gegenwart und mit den Gedanken bei der Prüfung.
- Sagen Sie sich in Gedanken Ihren Mut- und Anfeuerungssatz auf!

- Wenden Sie zudem zwischendurch immer wieder die Panikatmung an. Dadurch werden Sie ruhiger!
- Machen Sie sich nicht verrückt, wenn Sie vor Aufregung stottern oder sich verhaspeln. Es ist normal, vor und während einer Prüfung aufgeregt zu sein, jeder Prüfer hat dafür Verständnis. Wie erwähnt, löst übertriebene Selbstsicherheit sogar bei manchen Prüfern Antipathien aus. Dagegen sind Nervosität und Irren menschlich und verständlich!

Nur wer bereit ist, neues Terrain zu betreten,
wird weiter kommen als andere.[152]

[Hermann Maier]

Das war's – Sie haben nun das strategische Rüstzeug, Ihre Prüfung erfolgreich zu bestehen. Wenn Sie sich an die Strategien halten, werden Sie Erfolg haben – versprochen. All die Spitzensportler und die unzähligen Teilnehmer aus unseren Seminaren sind der lebendige Beweis dafür.

Darüber hinaus haben Sie mit Ihren Strategien jetzt immer die Chance, zu den erfolgreichen Menschen zu gehören. Sie sind in der Lage, Ihre persönliche Höchstleistung bewusst abzurufen:

1. Sie wissen worauf es ankommt.
2. Sie visualisieren Ihr Ziel.
3. Sie sind von Ihrem Erfolg überzeugt.
4. Sie lernen aus Ihren Fehlern.
5. Sie organisieren sich optimal.
6. Sie überwinden Hindernisse.
7. Sie bleiben in der Gegenwart.

152 Maier, Hermann/Okresek, Knut: *Das Rennen meines Lebens*, S. 389.

Sie können somit jederzeit gezielt und ganz bewusst jegliche Herausforderung angehen. Bleiben Sie am Ball! Werfen Sie immer wieder einen liebevollen, aber kritischen Blick auf Ihr Leben. Machen Sie eine Bestandsaufnahme, erkennen Sie die Schwachpunkte und wagen Sie sich mutig an die Veränderungen.

Sie werden spüren: Herausforderungen jeglicher Art machen Spaß, wenn man sie strategisch angeht!

Wir wünschen Ihnen viel Erfolg – und: Halten Sie durch!

Ich werde meine Ängste weg sperren,
und von diesem Tage an werde ich emporsteigen ...
Ich werde auf Glauben bauen und gleiten,
ob durch Regen oder Sturm, ich werde emporsteigen.
Doch bevor mein Wagnis beginnt,
werde ich nach innen blicken.
Und ich werde mein Herz ermutigen,
denn das ist der Ort,
an dem alle Reisen beginnen.[153]

[Muhammad Ali]

153 Ali, Muhammad/Ali, Hana Yasmeen: *More Than A Hero*, S. 95.

Bestanden wird Kopf! – Die Strategien im Überblick

Strategie I: Die Erkenntnis

Wie Sie das Wissen über Körper und Geist optimal nutzen

Ich muss trainiert sein, muss eine Strategie haben,
ein Ziel, wissen, was ich erreichen will,
muss über Kraft, Willen und Selbstbewusstsein verfügen.[154]

[Boris Becker]

- Rufen Sie sich in Erinnerung: Situation → Bewertung → Emotion → Verhalten. Ihre Bewertungen entscheiden über Ihr Leben.
- Sie richten sich unzählige Schubladen ein – es entstehen Verhaltensmuster, die immer wieder abgespult werden.
- Ihr Unterbewusstsein setzt alles um, was Sie denken und sagen. Es stellt nichts in Frage!
- Bewertet das Unterbewusstsein eine Situation als gefährlich, wird Stressalarm ausgelöst.
- Mögliche Stressquellen können sein: zu viele Informationen, mangelhafte Ernährung, zu wenig Flüssigkeit, zu wenig oder zu viel Bewegung, zu wenig oder zuviel Schlaf, Über- oder Unterforderung.
- Stress wirkt sich durch Symptome im physischen und psychischen Bereich aus.

154 Becker, Boris: *Augenblick, verweile doch ...,* S. 129.

- Um Ihr Leben optimal gestalten zu können, müssen die Bewertungen immer wieder überprüft werden.
- Negative Gedanken: STOPP!
- Bilden Sie sich Mut - & Anfeuerungssätze: Ich schaffe das! oder Halte durch!
- Regelmäßige (tägliche) Entspannungs- und Atemübungen unterstützen diese neuen Bewertungen

Strategie II: Die Zielarbeit

Wie Sie Ihr Ziel genau beschreiben

Ziele setzen, daran arbeiten,
Ziele erreichen![155]

[Jürgen Klinsmann]

- Vor großen Herausforderungen definieren Sie zunächst Ihr Ziel. Was wollen Sie erreichen?
- Erkennen Sie die Wichtigkeit dieses Ziels.
- Machen Sie sich bewusst, dass Sie für die Erreichung dieses Ziels einen hohen Preis bezahlen müssen.
- Visualisieren Sie Ihr Ziel und Ihren Sieg voller Emotionen!
- Speichern Sie dieses Siegerbild als Kraft- und Motivationsquelle.
- Rufen Sie sich Ihr Siegerbild immer wieder auf. Es spornt Sie an

155 Horeni, Michael: *Klinsmann: Stürmer Trainer Weltmeister*, S. 38.

Strategie III: Das Erfolgsbewusstsein

Wie Sie die Basis Ihres Erfolgs legen

> Um ein großer Champion zu werden,
> musst du auch daran glauben,
> der Beste zu sein.[156]
>
> **[Muhammad Ali]**

- Erinnern Sie sich an Ihre Erfolge.
- Sie haben maßgeblich zu diesen Erfolgen beigetragen!
- Sie haben ganz bestimmte Eigenschaften bei der Erreichung dieser Erfolge gezeigt.
- Zu diesen Eigenschaften gehörten: Kampfgeist, Einsatzbereitschaft, Ausdauer und Selbstdisziplin.
- Sie wissen, dass Sie diese Eigenschaften besitzen.
- Rufen Sie diese Eigenschaften immer dann auf, wenn Sie ein neues Ziel erreichen wollen.
- Visualisieren Sie Ihre Erfolge immer wieder.
- Ihr Unterbewusstsein wird dadurch auf Erfolg programmiert:

156 Ali, Muhammad/Ali, Hana Yasmeen: *More Than A Hero*, S. 57.

Strategie IV: Die Fehleranalyse

Wie Sie optimal aus Ihren Fehlern lernen

Nur weil ich mich permanent hinterfrage,
entdecke ich immer wieder neue Wege. Bessere Wege.
Erfolg ist nichts Selbstverständliches.[157]

[Michael Schumacher]

- Entwickeln Sie ein neues Verhältnis zu Ihren Niederlagen und Fehlern.
- Fehler und Niederlagen bieten die Chance, sich weiter zu entwickeln.
- Machen Sie deshalb nach jeder Niederlage eine sachliche Bestandsaufnahme.
- Suchen Sie anschließend nach neuen Lösungsmöglichkeiten. Wo müssen Sie Trainingsschwerpunkte setzen?
- Übernehmen Sie die Verantwortung.
- Bleiben Sie voller Eifer und Siegeswillen am Ball.

157 Schumacher, Michael/Kehm, Sabine/Comte, Michel: *Michael Schumacher*, S. 120.

Strategie V: Der Lerntrainingsplan

Wie Sie das Unternehmen Prüfung erfolgreich angehen

Lege Dir einen Plan zurecht und ziehe ihn durch!
Mit Willen, Ehrgeiz und konsequenter harter Arbeit
lässt sich jedes realistische Vorhaben langfristig umsetzen.[158]

[Hermann Maier]

- Sportler überlassen nichts dem Zufall. Alles wird geplant und organisiert.
- Übernehmen Sie diese konsequente Planung auch für Ihre Zielerreichung.
- Halten Sie sich an Ihren persönlichen Lerntrainingsplan.
- Planen Sie jede Woche neu.
- Nehmen Sie sich 10 Minuten Zeit für Ihre Tagesplanung, bevor Sie loslegen.
- Lernen Sie niemals länger als eine halbe Stunde am Stück.
- Achten Sie auf eine sinnvolle Pausengestaltung. Pausen sind dazu da, Ressourcen aufzubauen.
- Achten Sie auch auf Ihre Körperhaltung, Ihre Mimik. Ihr Unterbewusstsein setzt diese Haltung in die Tat um.
- Sorgen Sie nun ganz besonders für Ihren Körper. Er muss während der Prüfungszeit Höchstleistungen erbringen. Achten Sie deshalb auf eine ausgewogene Ernährung, auf ausreichend Flüssigkeit und auf eine sinnvolle Bewegung.
- Spornen Sie sich immer wieder mit Ihren Mut- & Anfeuerungssätzen an.
- Visualisieren Sie Ihr Siegerbild.

158 Maier, Hermann/Okresek, Knut: *Das Rennen meines Lebens*, S. 388.

Strategie VI: Die Hindernisse

Wie Sie mit künftigen Problemen effektiv umgehen

Die Zweifel von anderen an mir – die stören mich nicht.
Belasten würde es mich, wenn ich selber an mir zweifle.
Dann würde es schwierig werden.
Aber ich bin mir meiner Sache sicher.
Weil ich weiß, was ich kann und dass ich viel gelernt habe.
Ich weiß, was ich für Stärken und Probleme habe.[159]

[Steffi Graf]

- Lassen Sie Ihre Motivation nicht verpuffen.
- Machen Sie sich den Unterschied zwischen inneren und äußeren Hindernissen bewusst.
- Analysieren Sie mögliche innere & äußere Hindernisse, die auf Sie zukommen können.
- Innere Hindernisse, wie unseren Schweinehund, Selbstzweifel und Lernschwierigkeiten, produzieren wir selbst.
- Äußere Hindernisse, wie Erkrankungen, wichtige Termine, gesellschaftliche Verpflichtungen, kommen auf uns zu.
- Hindernis-Handlungsplan: frühzeitig erkennen, aus dem Weg räumen oder umgehen.
- Handlungsplan innere Hindernisse: die Wichtigkeit des Lernens bewusstmachen und alle anderen Aufgaben hinterfragen. Selbstzweifeln mit STOPP! begegnen und stattdessen Ihr Ziel- und Siegerbild anwenden.
- Erkennen Sie außerdem den Rückfall in alte Verhaltensmuster.
- Erkennen Sie Ihre Ausreden.
- Nehmen Sie Ihren Schweinehund fest an die Leine.

---

159 Schütt, Hans-Dieter: *Steffi Graf: Superstar*, S. 246

- Handlungsplan für äußere Hindernisse: Benutzen Sie Ihren Lerntrainingsplan und bauen Sie die unerwarteten Ereignisse mit ein.
- Jammern Sie nicht!
- Selbstdisziplin bekommt man, in dem man sich einfach dafür entscheidet.
- Visualisieren Sie immer wieder Ihr Siegerbild. Ein Sieger gibt nicht auf. Er kämpft bis zum Umfallen.

Strategie VII: Das Ziel

Wie Sie Ihre Prüfung erfolgreich bestehen

Die Halle war voll, und ich war sehr ruhig.
Angst hatte ich nun nicht mehr,
denn ich kannte die Situation und versuchte,
die Gefühle meines Weltrekord-Rennens von vor zwei Jahren
hier in derselben Halle zurückzuholen.[160]

[Franziska van Almsick]

- Lernen Sie am Tag vor der Prüfung nicht mehr. Bereiten Sie sich viel mehr mental auf die Prüfung vor. Entspannen Sie sich.
- Verbieten Sie sich jeglichen Gedanken an Misserfolg - STOPP!
- Sagen Sie sich konsequent Ihre Mut- & Anfeuerungssätze vor.
- Machen Sie sich klar, dass Sie gut gelernt haben. Das stärkt das Selbstbewusstsein.

160 van Almsick, Franziska: *Aufgetaucht*, S. 139.

- Frühstücken Sie unbedingt vor der Prüfung.
- Trinken Sie ausreichend.
- Begeben Sie sich rechtzeitig zum Prüfungsort.
- Gehen Sie ca. eine Viertelstunde vor Prüfungsbeginn vor den Prüfungsraum, damit Sie sich an die Atmosphäre gewöhnen können.
- Bleiben Sie nun konsequent in der Gegenwart.
- Wenden Sie die Panikatmung an oder bewegen Sie sich, damit die Stresshormone im Körper abgebaut werden.
- Lassen Sie sich nicht aus der Ruhe bringen. Sie sind ein Kämpfer und geben niemals auf.
- Konzentrieren Sie sich auf den Prüfer.
- Achten Sie auf Ihre Körperhaltung und Mimik.
- Sie bestehen die Prüfung!!!

Entspannungstechniken: Welche passt am besten zu Ihnen?

In der Ruhe liegt die Kraft.
Der viel strapazierte Spruch: „Weniger ist mehr!" hat etwas für sich.
Viel zu oft wird in harten Trainingsphasen
die notwendige Regeneration vergessen.
Ich nehme mir maximal viel Zeit dafür
und lehne mich zurück, wenn mir danach ist. (...)
Ruhe kann mir nie zu viel werden.[161]

[Hermann Maier]

Eigentlich benötigt der Mensch keine Entspannungsübungen! Wer regelmäßig schläft und auf eine sinnvolle Pausenregelung achtet, der wird sich täglich regenerieren und ruhig und ausgeglichen bleiben.

Leider trifft dies auf die wenigsten Menschen zu. Überforderung, Unterforderung, Hektik, Zeitnot, schlechte Ernährung, zu wenig Schlaf, keine Pausen und noch vieles mehr führen dazu, dass Sie immer mehr unter Dauerstress geraten. Die Folge: Sie fühlen sich schlecht, teilweise sogar krank.

In Zeiten großer Herausforderungen ist es deshalb besonders sinnvoll, eine Entspannungstechnik zur Hand zu haben. Wie diese Entspannungstechnik aussieht, ist nebensächlich. Wichtig ist nur, dass man diese Technik in den Tagesablauf einbaut!

---

161 Maier, Hermann/Okresek, Knut: *Das Rennen meines Lebens*, S. 388.

Entspannung bedeutet, dass dem Organismus die Möglichkeit geboten wird:

- einmal nicht abspeichern zu müssen,
- dem Alltag zu entfliehen,
- alle Sorgen beiseite schieben zu können,
- los zu lassen,
- ruhig zu schlafen,
- Kraft zu tanken!

Wer sich regelmäßig, also täglich, entspannt, wird die Wirkung schon recht bald spüren. Hat sich das Unterbewusstsein an die Entspannungstechnik gewöhnt, wird es auch über die Entspannungsphase hinaus ruhiger und gelassener sein. Eine neue Schublade wird angelegt: Ich bin ganz ruhig und gelassen.

Es ist eine persönliche Entscheidung, welche Entspannungstechnik Sie für sich wählen. Wichtig ist hierbei, dass Sie mit dieser Technik wirklich entspannen können und die Übung Ihnen gefällt.

Die Entspannung vor dem Fernseher ist nicht wirksam. Das Unterbewusstsein kann hierbei nicht loslassen. Es muss weiterhin all die zahlreichen Informationen abspeichern. Zudem müssen die Inhalte verarbeitet werden und dies kann unter Umständen bedeuten, dass Sie sich dadurch noch schlechter fühlen – je nach dem, wie sehr Sie eine Sendung emotional berührt.

Einige Entspannungstechniken können Sie ganz einfach umsetzen. Sie benötigen dafür keine Kenntnisse. Trotzdem sind diese Techniken sehr wirksam.

Warmes Bad

Schaffen Sie sich eine angenehme Atmosphäre in Ihrem Badezimmer. Dämpfen Sie das Licht oder zünden Sie einige Kerzen an. Benutzen Sie aromatische Badezusätze, die den Entspannungseffekt noch erhöhen. Legen Sie sich genüsslich in die Wanne, schließen Sie Ihre Augen und genießen Sie die wohlige Wärme. Sagen Sie sich immer wieder: Ich bin ganz ruhig! Das warme Wasser bewirkt, dass Ihre Arterien und Muskeln entspannt werden. Das Blut zirkuliert gut in Ihrem Körper und regt den Kreislauf an. Bleiben Sie ca. 10 – 15 Minuten in der Wanne und gönnen Sie sich im Anschluss noch warm eingepackt eine halbe Stunde Ruhe. Sie werden spüren, welche Wunderwirkung ein solches Bad hat.

Sinneswanderung

Sehr entspannend wirkt auch eine kleine Sinneswanderung. Machen Sie hierfür einen Waldspaziergang. Achten Sie nun die ersten fünf Minuten darauf, was Sie alles sehen. Nehmen Sie alles wahr, was es im Wald zu beobachten gibt. Sie werden erstaunt sein, was Ihnen bisher entgangen ist. Nehmen Sie sich im Anschluss daran vor, die nächsten fünf Minuten auf alle Geräusche zu achten. Was können Sie alles hören? Ein Wald ist voller Geräusche! Eine ganz neue Welt wird sich Ihnen eröffnen. Zum Abschluss achten Sie nun auf alle Gerüche. Spüren Sie den feuchten Laubgeruch, den Duft der Pflanzen. Durch diese Sinneswanderung verlassen Sie sehr schnell Ihren Alltag. Ihr Fokus wird ganz gezielt auf neue Eindrücke gerichtet. Dadurch entsteht ein Loslassen des Alltags.

Bewegung an der frischen Luft

Auch Joggen, Fahrradfahren, Walken oder ein ausgedehnter Spaziergang, vielleicht mit dem Hund, kann entspannend wirken. Voraussetzung hierfür ist die innere Einstellung. Es geht dabei nicht um Leistung, sondern um Bewegung an der frischen Luft. Durch das Licht und den Sauerstoff werden Botenstoffe aktiviert, die für Ausgeglichenheit und gute Laune sorgen. Verwenden Sie während der sportlichen Aktivität Ihren Mut & Anfeuerungssatz. Passen Sie den Sprechrhythmus Ihrem sportlichen Rhythmus an.

Einige Entspannungstechniken bedürfen der Einführung. Manchmal reicht ein entsprechendes Buch oder eine CD, um diese Techniken anwenden zu können.

Entspannungs-CDs

Eine einfache Methode, um sich zu entspannen, sind die sogenannten Entspannungs- CDs. Es gibt eine Vielzahl solcher Tonträger. Hier ist besonders zu empfehlen die CD Begegnungen. Die CD ist Bestandteil eines wissenschaftlichen Forschungsprojektes. Sie wurde von Prof. Ilse Strempel und ihrem Team entwickelt. Durch die Musik werden binaurale Schwingungen in Ihrem Gehirn angeregt. Dadurch werden beide Gehirnhälften aktiviert. Die CD hat wissenschaftlich beweisbare positive Auswirkung auf Blutdruck, Augeninnendruck, Augendurchblutung, Pulsfrequenz, Muskelspannung und Hirnwellenmuster. Es kommt nachweislich zu einer Harmonisierung von Körper und Seele.

Muskelentspannung nach Jacobson

Die Muskelentspannung nach Jacobson, wird auch progressive Muskelentspannung oder progressive Muskelrelaxation (kurz PMR) genannt. Sie ist ein Verfahren, bei dem durch die bewusste An- und Entspannung bestimmter Muskelgruppen ein Zustand tiefer Entspannung des ganzen Körpers erreicht wird. Dabei werden nacheinander einzelne Muskelpartien zunächst angespannt. Diese Muskelspannung wird kurz gehalten und anschließend gelöst. Die Konzentration wird dabei auf den Wechsel zwischen Anspannung und Entspannung gerichtet und auf die Empfindungen, die mit diesen unterschiedlichen Zuständen einhergehen. Ziel des Verfahrens ist eine Senkung der Muskelspannung aufgrund einer verbesserten Körperwahrnehmung. Mit der Zeit lernen Sie, muskuläre Entspannung herbeizuführen, wann immer Sie dies möchten. Zudem können durch die Entspannung der Muskulatur auch andere Stresssymptome reduziert werden.

Autogenes Training

Das Autogene Training ist eine Entspannungstechnik, die von dem Berliner Psychiater Johann Heinrich Schultz zu Beginn des 20. Jahrhunderts entwickelt wurde. Sie beruht auf Selbstsuggestion. Heute ist das Autogene Training eine weit verbreitete und anerkannte Methode, um Stress zu behandeln. Diese Entspannungsmethode sollte in einem Kurs erlernt werden. Die Übungen bestehen aus kurzen Formeln, die sich der Übende konzentriert mehrere Male im Geiste vorsagt. Durch die systematische Beeinflussung des Unterbewusstseins wird ein langfristiger und dauerhafter Erfolg herbeigeführt.

Meditation

Die Meditation ist eine Methode, die gleichermaßen Körper und Geist stärkt und heilt. Sie kann von jedem Menschen mit Gewinn praktiziert werden. Es gibt eine Reihe von unterschiedlichen Meditationsmethoden. Im Allgemeinen bedeutet Meditation, die Konzentration auf ein Objekt zu richten - das sogenannte Meditationsobjekt. Die alltägliche Reizüberflutung wird dadurch ausgeschaltet und das Unterbewusstsein positiv beeinflusst. Auch hier ist es sinnvoll, die unterschiedlichen Meditationstechniken unter Anleitung zu erlernen.

Yoga

Yoga bietet die Möglichkeit, Entspannung ganzheitlich zu erlernen. Körper- und Entspannungsübungen führen zu einem tiefen Entspannungseffekt. Die Yogaentspannung, auch Tiefenentspannung genannt, ist eine Kombination aus Elementen der Progressiven Muskelentspannung, des Autogenen Trainings, sowie positiver Sätze und einer anschließenden Ruhephase.

Die positiven Auswirkungen von Yoga:

- Abbau von Stresshormonen,
- Ausschüttung von Glückshormonen (Endorphine),
- Produktion bestimmter Botenstoffe im Gehirn,
- Entspannung der Arterienwände,
- Positive Beeinflussung von Bluthochdruck, Kopfschmerzen, Magenproblemen, Verdauungskrankheiten.

Um diese positiven Effekte zu erreichen, sollten Sie zuerst einen Yogakurs besuchen. Anschließend kann man die Yogaübungen hervorragend auch alleine zu Hause durchführen.

Atemübungen

Auch bestimmte Atemübungen führen zu einer guten Entspannung. Atmen ist für den Menschen ein lebensbegleitender und lebenswichtiger Vorgang. Viele Menschen sind sich ihrer Atmung überhaupt nicht bewusst. Sie atmen oberflächlich, ohne ihr gesamtes Lungenvolumen auszunutzen. Gewöhnen Sie sich allerdings ein bewusstes Atmen an, so haben Sie eine gute Möglichkeit, Ihren Körper zu steuern. Sie können ihn so ganz gezielt beruhigen. Denn wer ruhig atmet, kann nicht aufgeregt sein.

Und so wird's gemacht:

Bewusste Bauchatmung

- Sinnvoll ist es, sich die bewusste Bauchatmung anzugewöhnen. Zu diesem Zweck legen Sie sich ganz bequem hin. Legen Sie beide Handflächen auf Ihre Bauchdecke. Die Mittelfinger berühren sich leicht.
- Richten Sie nun Ihre Aufmerksamkeit nach innen, auf Ihren Körper. Schließen Sie die Augen und nehmen Sie Ihren Körper von innen heraus wahr: den Leib, den Rücken, die Arme, die Hände, die Beine, die Füße.
- Richten Sie nun die Aufmerksamkeit auf Ihren Atem. Beobachten Sie ganz bewusst das Ein- und Ausströmen Ihres Atems. Beim Einatmen hebt sich die Bauchdecke und beim Ausatmen senkt sie sich wieder. Die Mittelfinger gehen beim Einatmen auseinander und berühren sich wieder beim Ausatmen.
- Stellen Sie sich einen Ballon vor. Beim Einatmen bläht sich der Ballon weit auf, beim Ausatmen fällt er vollkommen in sich zusammen.

- Lassen Sie Ihren Atem ganz natürlich laufen. Achten Sie nur darauf, wie sich der Bauch beim Einatmen hebt und beim Ausatmen senkt. Gedanken, die Sie ablenken, ziehen langsam vorbei, wie die Wolken am Himmel. Immer wieder kehrt Ihre Aufmerksamkeit zu Ihrer Bauchdecke zurück. (ca. zwei Minuten)
- Nach dem nächsten Ausatmen richten Sie Ihre Aufmerksamkeit wieder nach außen. Ballen Sie Ihre Hände zu Fäusten und recken und strecken sich.
- Regelmäßiges Atmen macht Ihren Körper ruhig. Deshalb ist es wichtig, im Alltag immer wieder darauf zu achten, bewusst in den Bauchraum langsam einzuatmen. Gewöhnen Sie sich einen Zählrhythmus an. Langsam beim Einatmen bis vier zählen und anschließend wieder beim Ausatmen langsam bis vier zählen.

Stressatmung

- Atmen Sie einige Male tief ein und aus.
- Nach dem nächsten Einatmen pressen Sie die Luft mit einem lauten Ha aus den Lungenflügeln.
- Visualisieren Sie, wie dabei alle Ängste und Sorgen von Ihnen abfallen.
- Atmen Sie nun wieder tief ein und visualisieren Sie, wie Sie kraftspendende Energie in sich aufnehmen. Ihr Bauch wölbt sich dabei weit nach vorne. Die Energie strömt durch Ihren Körper.
- Lassen Sie nun wieder alle Luft mit einem kräftigen Ha aus dem Körper fließen.
- Wieder geben Sie alle Sorgen ab.
- Wiederholen Sie diese Atemübungen sechs mal.

Panikatmung

Die Panikatmung ist ein hervorragendes Mittel, um sich in akuten Stresssituationen ruhig werden zu lassen. Sie können sie vor jeder Herausforderung, vor unangenehmen Auseinandersetzungen, bei Lampenfieber, aber auch in akuten Panikattacken anwenden. Wiederholen Sie die Übung so lange, bis Sie eine deutliche Besserung spüren. Die Besserung erfolgt auf alle Fälle.

- Atmen Sie tief ein und aus. Wenn Sie ausgeatmet haben, halten Sie die Luft an und beginnen, langsam von eins bis zehn zu zählen.
- Atmen Sie nun wieder tief ein und aus.
- Wiederholen Sie diese Übung so lange, bis Sie spüren, dass die Panik nachlässt.
- Die Panik lässt deshalb nach, weil durch das Luft-Anhalten keine neue Energie zugeführt wird und deshalb auf die überschüssige Energie im Körper (Stresshormone) gegriffen werden muss.
- Wichtig ist hierbei, dass Sie die Luft nicht im eingeatmeten Zustand anhalten. Ansonsten drohen Kopfschmerzen.

Energieatmung

- Halten Sie beide Zeigefinger neben Ihre Nasenlöcher. Drücken Sie nun das rechte Nasenloch mit dem Finger zu und atmen Sie durch das linke Nasenloch tief ein.
- Verschließen Sie nun das linke Nasenloch und atmen Sie durch das rechte Nasenloch aus.
- Atmen Sie nun durch das rechte Nasenloch ein, in dem Sie das linke Nasenloch zu halten und durch das linke wieder ausatmen.

- Wiederholen Sie diese Atemübung zehn mal.
- Durch diese Atmung werden beide Gehirnhälften aktiviert.

Suchen Sie sich eine entsprechende Technik aus und wenden Sie sie regelmäßig an. Übernehmen Sie auch in diesem Bereich die volle Verantwortung für Ihr Handeln. Sie profitieren davon!

> Jeden Tag treffen wir kleine Entscheidungen,
> die einen Standard für den Rest unseres Lebens setzen.[162]
>
> **[Muhammad Ali]**

162 Ali, Muhammad/Ali, Hana Yasmeen: *Mit dem Herzen eines Schmetterlings*, S. 63.

Arbeitsbogen Nr. 1: Bestandsaufnahme der eigenen Stressquellen

(Strategie: Die Erkenntnis – Seite 49)

Ihr Unterbewusstsein will Sie zu jeder Zeit vor möglichen Gefahren schützen. Immer, wenn es eine Gefahr wittert, gibt es Stressalarm. Dadurch werden all Ihre Kräfte mobilisiert, damit Sie sinnvoll mit der Gefahr umgehen können. Als gefährlich wird alles eingestuft, was Sie über- oder unterfordert, - also zu viele Infos, zu viel Lärm, zu viel oder zu wenig Essen, zu viele oder zu wenige Getränke, zu viel oder zu wenig Arbeit, zu viel oder zu wenig Druck.

Stressreaktionen

Beim Stressalarm wird unser Ihr Körper mit Stresshormonen überflutet, damit Sie hoch konzentriert mit der Gefahr umgehen können. Gehen Sie nicht sinnvoll mit Ihrem Leben um, so kommt es zum Dauerstressalarm. Ihr Körper schreit nach Hilfe! Die Symptome können ganz unterschiedlich sein:

Physische Symptome	Psychische Symptome
Kreislaufbeschwerden	Konzentrationsschwäche
Herzbeschwerden	Black Out
Magen-Darm-Beschwerden	Verwirrtheit
Migräne	Traurigkeit
Hautausschlag	Depression
Rückenschmerzen	Aggressivität
Haarausfall	Schlaflosigkeit
Individuelle Beschwerden	Individuelle Beschwerden

Wo liegen Ihre Stressquellen?

Nehmen Sie sich viel Zeit für diese Bestandsaufnahme. Werfen Sie einen sachlichen, aber überaus kritischen Blick auf Ihr Leben! Je ehrlicher Sie mit sich selbst sind, umso leichter können Sie sich von Ihren alten Stressquellen lösen.

Stressquellen im Bereich Gesundheit/persönliche Fitness:

Wie sieht Ihr persönliches Management aus? Achten Sie auf ausgewogene Ernährung, ausreichende Flüssigkeitszufuhr, sinnvolle Bewegung? Wie sieht Ihr Schlafverhalten aus?

Sind Sie mit sich zufrieden? Wo sehen Sie Verbesserungsbedarf?

____

____

____

____

____

Stressquellen im Bereich Freizeit/Familie:

Wie gestalten Sie Ihre Freizeit? Fühlen Sie sich wohl in Ihrer Freizeitgestaltung? Welche Verpflichtungen haben Sie in der Familie? Gibt es Konflikte im Familienbereich? Wenn ja, was nervt, ärgert, bedrückt Sie?

Stressquellen im Bereich Beruf / Ausbildung:

Wie sehen Ihre Stresssymptome aus?
Welche Beschwerden haben Sie?

Arbeitsbogen Nr. 2: Entstehung von Verhaltensmustern

(Strategie: Die Erkenntnis – Seite 54)

Erinnern Sie sich: Vereinfacht dargestellt funktioniert der Mensch immer nach dem gleichen Schema:

Situation → Bewertung → Emotion → Verhalten

Ordnen Sie nun Ihren Problembereich (z.B. Prüfungsangst) in dieses Schema ein. Nutzen Sie die folgende Tabelle. Begeben Sie sich dazu ganz bewusst in die Situation hinein. Achten Sie auf Ihre Gedanken! Wie sieht der innere Dialog aus? Wie bewerten Sie die Situation? Notieren Sie alle Befürchtungen und Katastrophenideen. Wie fühlen Sie sich dabei? Wie reagieren Sie psychisch und physisch?

Situation ➔	**Bewertung ➔**	**Emotion ➔**	**Verhalten**
Beispiel Laura: Maus läuft durchs Zimmer	Maus ist gefährlich	Angst	Laura schreit
Angst für die Prüfung nicht genug zu lernen.	„Ich lerne nicht genug"	Nervosität, Angst	→ es gleich bleiben lassen → viel lernen → STRESS!

Merken Sie sich: Alles, was Sie denken wird vom Unterbewusstsein in die Tat umgesetzt!

Denken Sie: „Das schaffe ich nie!", „Ich bin ein Versager!", „Die anderen sind viel klüger als ich!", „Ich bin ein Pechvogel!" – so nimmt das Unterbewusstsein diese Sätze wörtlich und versucht, sie Realität werden zu lassen!

Arbeitsbogen Nr. 3: Sachliche Überprüfung der eigenen Bewertung

(Strategie: Die Erkenntnis – Seite 54)

Es ist von entscheidender Bedeutung, dass Ihnen bewusst wird, dass nicht jeder Mensch Situationen gleich bewertet. Werfen Sie daher erneut einen Blick auf Ihre Bewertung aus Arbeitsbogen 2. Denken Sie daran, eine möglichst neutrale und sachliche Haltung einzunehmen.

Ist Ihre Bewertung sachlich richtig und entspricht sie den Tatsachen?

____

____

____

____

Würde jeder Mensch diese Situation so bewerten, wie Sie es tun?

____

____

____

____

Welche Befürchtungen stecken hinter
Ihrer Bewertung?

Arbeitsbogen Nr. 4: Ihr persönlicher Mut- und Anfeuerungssatz

(Strategie: Die Erkenntnis – Seite 57)

Der Sportler verwendet Mut- und Anfeuerungssätze, damit sein Unterbewusstsein diese guten Sätze in die Tat umsetzt. So kann er sich optimal motivieren. Sie können ebenfalls solche gut funktionierenden Sätze für Ihre persönliche Motivation verwenden. Im folgenden Abschnitt finden Sie einige Mut- & Anfeuerungssätze, die Sie für sich nutzen können:

- ☐ Ich muss viel an mir arbeiten, und das tue ich auch!
- ☐ Wenn ich vor einem Hindernis stehe, dann gebe ich nicht auf, sondern suche mir einen Weg darunter, darüber oder darum herum!
- ☐ Kritiker spornen mich nur noch mehr an!
- ☒ Ich kann das Verhalten anderer Menschen nicht ändern. Aber ich kann meine Reaktion darauf ändern!
- ☐ Selbst auf der steilsten Straße kehre ich nicht um, sondern ich setze den Weg nach oben fort!
- ☐ Ich mache das Beste daraus!
- ☐ Ich muss nicht in allem perfekt sein, um meine Ziele zu erreichen!
- ☐ Ich weiß, dass ich auch im Stress Ruhe bewahren kann. Das fällt mir immer leichter!
- ☐ Ich glaube an mich!
- ☐ Alles, was ich mir vornehme und auf dessen Umsetzung ich hinarbeite, kann ich auch erreichen!
- ☐ Ich gehe meinen ganz eigenen Weg! Alle Ereignisse, die mir begegnen, haben den Sinn, den ich ihnen gebe!
- ☐ Du schaffst das schon!
- ☐ Tue es einfach, vertraue auf dich und gib dein Bestes!

- ☐ Ich bin wieder aufgestanden und stehe noch immer!
- ☐ Jetzt erst recht!
- ☐ Da muss ich durch und zwar ganz allein!
- ☐ Los, hol dich selber raus aus dem Sumpf und zeig, dass es kein Aufgeben gibt!
- ☐ Ich werde zurückkommen – sicher nicht schwächer, entweder gleich stark oder sogar stärker!
- ☐ Ich traue mir zu, jedes Problem mutig anzugehen und eine Lösung zu finden!
- ☐ Da musst du durch, wenn du wieder zurück willst!
- ☐ Jetzt geht's los!
- ☐ Jetzt gilt's!
- ☐ Jetzt musst du Gas geben!
- ☐ Ich schaffe es, egal was die anderen sagen!
- ☐ Das gewinne ich jetzt!
- ☒ Ich will, will, will den Sieg!
- ☐ Natürlich gebe ich immer mein Bestes!
- ☐ Ich bin der/die Größte! Ich bringe die Erde zum Beben!
- ☐ Ich habe mich gut vorbereitet!
- ☐ Ich mache alles so gut wie möglich!
- ☒ Ich bin mir meiner Sache sicher, weil ich weiß, was ich kann und dass ich viel gelernt habe!
- ☐ Wenn ich etwas mache, dann voller Inbrunst, mit totalem Einsatz!
- ☐ Ich bin ein Kämpfer!
- ☐ Ich bin ganz ruhig!
- ☐ Ich schaffe das!
- ☐ Ich bin stolz auf mich, weil ich mich nicht unterkriegen lasse!

Wenden Sie diese Sätze immer wieder an!
Je öfter Sie sich solche Sätze vorsagen,
umso wirksamer sind sie!

Arbeitsbogen Nr. 5: Verhaltensänderung

(Strategie: Die Erkenntnis – Seite 58)

Sie haben Ihre Mut- und Anfeuerungssätze ausgewählt. Ordnen Sie nun einen dieser Sätze in das Schema als neue Bewertung ein. Nehmen Sie die gleiche Situation wie im Arbeitsbogen 2.

Situation →	Bewertung →	Emotion →	Verhalten
Angst für die Prüfung nicht genügend zu lernen	Herausforderung	„Ich werde es schaffen, weil ich bestehen will."	Motivation

Was hat sich verändert?
Wie wirkt sich die Veränderung auf Ihr Verhalten aus?

Arbeitsbogen Nr. 6: Zielarbeit

(Strategie: Die Zielarbeit – Seite 73)

Nur wer sein Ziel kennt, weiß, wohin er gehen muss. Ziele spornen Sie an, fordern Sie gleichzeitig aber auch heraus. Ihr Gehirn ist eine zielorientierte Instanz. Egal, was Sie Ihrem Unterbewusstsein vorgeben, es wird diese Inhalte unermüdlich in die Tat umsetzen. Damit ein Ziel die Kraft des Unterbewusstseins aktivieren kann, muss es verständlich und nachprüfbar formuliert werden. Legen Sie deshalb Ihr Ziel in allen Einzelaspekten so genau wie möglich fest! Vage Ziele bringen vage Ergebnisse!

Was wollen Sie erreichen? Wie sieht Ihr Ziel aus?

Krankenschwester zu sein, erfolgreiche Prüfung mit Note 2

Wie wichtig ist dieses Ziel für Sie?

Enorm wichtig, da ich 3 Jahre darauf hin gearbeitet habe
=> Selbstanspruch

Gibt es Widerstände, wenn Sie an Ihr Ziel denken? Wenn ja, welche?

Hlw. zu geringe Motivation
Gefühl der Überforderung

Wie wollen Sie diese Widerstände beseitigen?

-> Mit positiven Gefühlen
-> Selbstüberwindung
-> auch „Nein" sagen können
-> Ausgleich

Welchen Preis müssen Sie für die Erreichung Ihres Zieles bezahlen?

-> viel lernen
-> Struktur
-> Zeitaufwand
-> Prioritäten setzen

Womit belohnen Sie sich, wenn Sie das Ziel erreicht haben?

-> Mit Entspannung

-> eigene Wohnung

-> Freizeit

Gehen Sie nun in Ihrer Fantasie in dieses angestrebte Ziel hinein. Malen Sie sich in allen Farben aus, wie es sein wird, wenn Sie dieses Ziel erreicht haben. Lassen Sie sich Zeit. Je intensiver Sie das Ziel vor sich sehen, umso wirksamer ist es. Visualisieren Sie Ihren Sieg mit allen Emotionen! Entwickeln Sie ein richtiges Siegerbild! Speichern Sie dieses Siegerbild in allen Farben in Ihrem Gedächtnis. Es ist Ihr Leitbild. Rufen Sie sich dieses Bild immer wieder in Erinnerung! Sie geben dadurch Ihrem Unterbewusstsein bestimmte Impulse. Da es nicht zwischen Fantasie und Wirklichkeit unterscheiden kann, wertet es das Siegerbild als Tatsache.

Wie sieht Ihr Siegerbild aus?

Arbeitsbogen Nr. 7: Erfolgsbewusstsein

(Strategie: Das Erfolgsbewusstsein – Seite 80)

Ein erfolgreicher Sportler muss an sich glauben, sonst wird der Erfolg ausbleiben. Gedanken an Schwäche, Versagen oder Misserfolg verbietet er sich aufs Strengste. Er benötigt ein starkes Selbstbewusstsein, um sein Ziel zu erreichen. Er kennt seine Stärken. Er lobt sich immer wieder, wenn ihm etwas gut gelingt. Auch Sie brauchen diesen Glauben an Ihren ganz persönlichen Erfolg, um gut durch die Schule, die Ausbildung, Ihr Studium oder Ihren Beruf zu kommen.

Wann waren Sie besonders erfolgreich?
Was ist Ihnen sehr gut gelungen?

Denken Sie dabei an alle Situationen aus Ihrem bisherigen Leben, ganz gleich ob sie aus dem beruflichen, sportlichen oder sonstigem Bereich stammen.

- Abschlussprüfung Realschule
- Noten bis jetzt in der Ausbildung
- Führerscheinprüfung

Was haben Sie zu diesem Erfolg beigetragen? Wie haben Sie ihn vorbereitet?

* konzentration aufs wesentliche
* üben, lernen
* Ehrlich zu mir selbst sein

Welche Eigenschaften haben Sie für die Erreichung dieses Erfolges gezeigt?

* Durchhaltevermögen

Welche Eigenschaften benötigen Sie noch, um erneut erfolgreich zu sein?

* mehr Motivation
* Sicherheit

Arbeitsbogen Nr. 8: Niederlagen und Fehler

(Strategie: Die Fehleranalyse – Seite 94)

Selbstverständlich erlebt auch der erfolgreichste Sportler immer wieder Niederlagen. Selbstverständlich hat er auch viele Bereiche, in denen er Fehler aufweist.

Erlebte Niederlagen und gemachte Fehler sollen Sie nicht dazu bringen, dass Sie sich schlecht fühlen. Diese Fehler sollen Sie vielmehr darauf hinweisen, dass Sie Ihr Augenmerk besonders stark auf diese Bereiche richten. So können Sie einen Plan entwickeln und sich dann in diesen Bereichen verbessern.

Sie befinden sich in der Prüfungsvorbereitungszeit. Vielleicht haben Sie bereits schlechte Erfahrungen mit dem Lernen oder einer Prüfung gemacht. Werfen Sie deshalb nun ganz sachlich einen Blick auf die Vergangenheit. Listen Sie alles auf, was zu Ihren Niederlagen und Fehlern geführt hat. Gehen Sie wie ein Detektiv an die Sache heran. Je mehr Gründe Sie finden, umso besser werden Ihre Lösungsmöglichkeiten.

Wo liegen Ihre Schwächen

- in Bezug auf Ihr Lernverhalten:

Immer Aufgaben weiter zurückschieben
lernen (unkonzentriert) nur um Gewissen
zu beruhigen

- in Bezug auf die Prüfung:

keinen Überblick haben
andere Dinge „vorschieben"

Wie sehen Ihre negativen Emotionen aus?

- Überforderung
- Frust

Welcher Mut- und Anfeuerungssatz kann Sie auf dem Weg zum Ziel motivieren?

Ich will bestehen und muss auch den Weg dahin in kauf nehmen.

Was können Sie sonst noch tun, damit diese Schwachbereiche verbessert werden?

- Selbstüberwindung
- Ziele setzen auf die ich mich freue => selbst belohnen
- besseren Überblick bekommen

Wer kann Ihnen dabei helfen?

* Mitmenschen, die Rücksicht auf mich nehmen
* Kollegen, austausch

Was verändert sich, wenn Sie nun systematisch an diesen Schwachbereichen arbeiten?

bessere Vorbereitung
↳ Sicherheit
↳ Selbstbewusstsein ↑

Arbeitsbogen Nr. 9: Lerntrainingsplan

(Strategie: Der Trainingsplan – Seite 107)

Auf diesem Arbeitsbogen finden Sie drei verschiedene Lerntrainingspläne. Diese Pläne richten sich nach der Lernzeit, die Ihnen zur Verfügung steht. Während Studenten für die Prüfungszeit oft der ganze Tag zum Lernen zur Verfügung steht, haben Schüler meistens nur einen halben Tag effektive Lernzeit. Bei Auszubildenden und Arbeitnehmern, die sich auf eine Prüfung vorbereiten müssen, sieht es wiederum ganz anders aus. Hier verbleibt nur noch der Nachmittag, um Lerninhalte zu verinnerlichen.

Suchen Sie sich den Lerntrainingsplan Ihrer Lernzeit entsprechend aus. Auf den ersten Blick mag Sie das Zeitmuster, welches in Ihrem Plan aufgelistet ist, erschrecken. Doch werden Sie schon nach kurzer Zeit den sinnvollen Nutzen dieser zeitgenauen Organisationsstruktur erkennen.

Hochleistungssportler arbeiten während ihres Trainings nach einem ähnlich strukturierten Plan. Auf eine zeitgenaue aktive Phase erfolgt eine festgelegte Entspannungsphase. Diese Zeiten wurden durch unzählige Tests herausgefunden und bewirken den bestmöglichen Trainingseffekt. Auch Ihr Lerntrainingsplan hat sich als die effektivste Vorgehensweise erwiesen

Vertrauen Sie also auf Ihren Lerntrainingsplan – er wird das Beste aus Ihnen herausholen:

- Ihre Konzentration bleibt innerhalb der halben Stunde bestehen.
- Überprüfbarkeit: Sie wissen, wo Sie stehen.
- Effektive Einteilung der Lerninhalte.
- Optimaler Wechsel zwischen aktivem Lernen und energiefördernder Pause.
- Motivationsförderung durch das exakte Wissen über den Anfang und das Ende des Lernens.

Im Sport steht der Trainer am Beckenrand, an der Spielfeldbegrenzung oder in der Fahrerbox. Er überwacht das Training des

Sportlers akribisch und achtet darauf, dass alle Zeiten genau eingehalten werden. Der Sportler hinterfragt während des Trainings nicht sein Handeln. Er verlässt sich voll und ganz auf die Wirksamkeit des Trainingsplans und konzentriert sich so auf seinen Körper.

Sie haben keinen Trainer außer sich selbst. Wenn Sie sich, ebenso wie der Sportler, nur auf die Inhalte Ihres Lerntrainingsplans konzentrieren wollen, dann seien Sie streng mit sich selber. Achten Sie genau auf die Einhaltung der Zeiten. Am besten mit einer Stoppuhr. Wenn Sie sich einige Tage akribisch an die vorgeschriebenen Zeiten halten, wird Ihnen der Lerntrainingsplan zu eigen werden: Sie gewöhnen sich an die Zeiten. Ihre Konzentration bleibt durch die genauen Abschnitte und Pausen effizient. Vor allem sind Ihre Gedanken auf die Inhalte gerichtet.

! Denken Sie daran:

Ihr Lerntrainingsplan hat einen Anfang und vor allem ein Ende. Seien Sie streng mit sich selber und ziehen Sie ihn durch. Ihre Mühen werden mit einem großen Erfolg belohnt.

Benutzung des Lerntrainingsplans:

- Suchen Sie sich einen passenden Lerntrainingsplan aus.
- Modellieren Sie ihn nach Ihren individuellen Zeiten. Lassen Sie aber das Grundmuster von Lern- & Pausenabschnitten bestehen.
- Halten Sie die Zeiten mit einer Stoppuhr ein.
- Halten Sie sich an sämtliche Anweisungen aus Strategie V.
- Denken Sie an Ihre körperliche Fitness.
- Führen Sie Ihre Entspannung durch.
- Der Samstagabend sowie der ganze Sonntag sind ein Ruheabschnitt. Hier beschäftigen Sie sich nicht mit Ihren Lerninhalten. Gönnen Sie sich etwas Schönes – Sie haben es verdient. Die freien Tage sind dazu da, Ihre Ressourcen für die nächste Hochleistungswoche aufzubauen.

Im Folgenden finden Sie einige Beispiele für Lerntrainingspläne. Selbstverständlich fehlen darin private Termine.

1. Tages-Lerntrainingsplan

Uhrzeit	Dauer	Montag	Dienstag	Mittwoch	Donnerstag	Freitag	Samstag
09.00 - 09.10	10 Minuten	Tagesplan	Tagesplan	Tagesplan	Tagesplan	Tagesplan	Tagesplan
09.10 - 09.40	30 Minuten	Thema 1	Thema 3	Thema 5	Thema 7	Thema 9	Wiederholung
09.40 - 09.45	5 Minuten	Kleine Pause	Kleine Pause	Kleine Pause	Kleine Pause	Kleine Pause	Kleine Pause
09.45 -10.15	30 Minuten	Thema 1	Thema 3	Thema 5	Thema 7	Thema 9	Wiederholung
10.15 - 10.25	10 Minuten	Pause	Pause	Pause	Pause	Pause	Pause
10.25 - 10.55	30 Minuten	Thema 1	Thema 3	Thema 5	Thema 7	Thema 9	Wiederholung
10.55 -11.00	5 Minuten	Kleine Pause	Kleine Pause	Kleine Pause	Kleine Pause	Kleine Pause	Kleine Pause
11.00 - 11.30	30 Minuten	Thema 1	Thema 3	Thema 5	Thema 7	Thema 9	Wiederholung
11.30 - 13.00	90 Minuten	Mittagspause	Mittagspause	Mittagspause	Mittagspause	Mittagspause	Mittagspause
13.00 - 13.30	30 Minuten	Thema 2	Thema 4	Thema 6	Thema 8	Thema 10	Wiederholung
13.30 - 13.35	5 Minuten	Kleine Pause	Kleine Pause	Kleine Pause	Kleine Pause	Kleine Pause	Kleine Pause
13.35 - 14.05	30 Minuten	Thema 2	Thema 4	Thema 6	Thema 8	Thema 10	Wiederholung
14.05 - 14.15	10 Minuten	Pause	Pause	Pause	Pause	Pause	Pause
14.15 - 14.45	30 Minuten	Thema 2	Thema 4	Thema 6	Thema 8	Thema 10	Wiederholung
14.45 - 14.50	5 Minuten	Kleine Pause	Kleine Pause	Kleine Pause	Kleine Pause	Kleine Pause	Kleine Pause
14.50 - 15.20	30 Minuten	Thema 2	Thema 4	Thema 6	Thema 8	Thema 10	Wiederholung
15.20 - 15.30	10 Minuten	Pause	Pause	Pause	Pause	Pause	Pause
15.30 - 17.30	120 Minuten	Allg. Aufgaben	Allg. Aufgaben	Allg. Aufgaben	Allg. Aufgaben	Allg. Aufgaben	Allg. Aufgaben
17.30	Feierabend	Fitness & Entspannung	Fitness & Entspannung	Fitness & Entspannung	Fitness & Entspannung	Fitness & Entspannung	Entspannung

2. Halbtags-Lerntrainingsplan

Uhrzeit	Dauer	Montag	Dienstag	Mittwoch	Donnerstag	Freitag	Samstag
14.50 - 15.00	10 Minuten	Tagesplan	Tagesplan	Tagesplan	Tagesplan	Tagesplan	Tagesplan
15.00 - 15.30	30 Minuten	Thema 1	Thema 2	Thema 3	Thema 4	Thema 5	Wiederholung
15.30 - 15.35	5 Minuten	Kleine Pause	Kleine Pause	Kleine Pause	Kleine Pause	Kleine Pause	Kleine Pause
15.35 - 16.05	30 Minuten	Thema 1	Thema 2	Thema 3	Thema 4	Thema 5	Wiederholung
16.05 - 16.15	10 Minuten	Pause	Pause	Pause	Pause	Pause	Pause
16.15 - 16.45	30 Minuten	Thema 1	Thema 2	Thema 3	Thema 4	Thema 5	Wiederholung
16.45 - 16.50	5 Minuten	Kleine Pause	Kleine Pause	Kleine Pause	Kleine Pause	Kleine Pause	Kleine Pause
16.50 - 17.20	30 Minuten	Thema 1	Thema 2	Thema 3	Thema 4	Thema 5	Wiederholung
17.20 - 17.30	10 Minuten	Pause	Pause	Pause	Pause	Pause	Pause
17.30 - 19.30	120 Minuten	Allg. Aufgaben	Allg. Aufgaben	Allg. Aufgaben	Allg. Aufgaben	Allg. Aufgaben	Allg. Aufgaben
19.30	Feierabend	Fitness & Entspannung	Fitness & Entspannung	Fitness & Entspannung	Fitness & Entspannung	Fitness & Entspannung	Entspannung

3. Nachmittags-Lerntrainingsplan							
Uhrzeit	**Dauer**	**Montag**	**Dienstag**	**Mittwoch**	**Donnerstag**	**Freitag**	**Samstag**
17.00 - 18.00	60 Minuten	Pause	Pause	Pause	Pause	Pause	Wiederholung der Themen
18.00 - 18.30	30 Minuten	Thema 1	Thema 2	Thema 3	Thema 4	Thema 5	
18.30 - 18.35	5 Minuten	Kleine Pause	Kleine Pause	Kleine Pause	Kleine Pause	Kleine Pause	
18.35 - 19.05	30 Minuten	Thema 1	Thema 2	Thema 3	Thema 4	Thema 5	
19.05 - 19.15	10 Minuten	Pause	Pause	Pause	Pause	Pause	
19.15 - 19.45	30 Minuten	Thema 1	Thema 2	Thema 3	Thema 4	Thema 5	
19.45 - 20.15	30 Minuten	Fitness	Fitness	Fitness	Fitness	Fitness	
20.15	Feierabend	Entspannung	Entspannung	Entspannung	Entspannung	Entspannung	

Selbstdisziplin

Halten Sie sich mit äußerster Selbstdisziplin an Ihren Plan! Erlauben Sie sich nicht, in alte Verhaltensmuster zurück zu fallen.

Selbstdisziplin bedeutet,

- dass Sie ein Ziel stetig und eigenverantwortlich verfolgen!
- dass Sie bereit sind, dafür jegliche Anstrengung auf sich zu nehmen!
- dass Sie eigene Bedürfnisse deshalb zurückstellen!
- dass Sie Unlustgefühle unterdrücken und weiterkämpfen!

Welcher Mut- & Anfeuerungssatz kann Sie zur Selbstdisziplin anhalten?

____

____

____

Wie wollen Sie mit Ihren Unlustgefühlen umgehen?

____

____

____

Mit was wollen Sie sich immer wieder motivieren?

____

____

____

Mein Trainingsplan

Uhrzeit	Dauer	Montag	Dienstag	Mittwoch	Donnerstag	Freitag	Samstag

Arbeitsbogen Nr. 10: Hindernisse

(Strategie: Die Hindernisse – Seite 120)

Der Alltag holt Sie oft schneller ein, als Ihnen lieb ist. Die besten Vorsätze verpuffen, und Sie sind ganz schnell wieder im alten Verhaltensmuster. Deswegen ist es wichtig, dass Sie sich auf etwaige Hindernisse einstellen. Es gilt, Hindernisse frühzeitig zu erkennen, sie aus dem Weg zu räumen oder sie zu umgehen.

Stellen Sie sich deshalb nun einen Maßnahmenkatalog zusammen. Er soll Ihnen dabei helfen, voller Elan und, vor allem, voller Ausdauer an Ihrem Erfolg kontinuierlich zu arbeiten.

Wie könnten Ihre inneren (selbstproduzierten) Hindernisse aussehen?

Welche äußeren Hindernisse könnten auf Sie zukommen?

Woran erkennen Sie, dass Sie in Ihre alten Verhaltensmuster zurückgefallen sind?

Was können Sie dagegen tun?
Wie sieht Ihr Hindernis-Handlungsplan aus?

Womit spornen Sie sich immer wieder an?

Literaturverzeichnis

Quellen

ALI, MUHAMMAD/ALI, HANA YASMEEN: *Mit dem Herzen eines Schmetterlings. Meine Gedanken zum Leben.* Bastei Lübbe Taschenbücher, Bergisch Gladbach 2006. ISBN 978-3-404-61603-9

ALI, MUHAMMAD/ALI, HANA YASMEEN: *More Than A Hero. Lebensweisheiten einer Legende*. Bastei Lübbe Taschenbücher, Bergisch Gladbach 2006.ISBN 978-3-404-66404-7

VAN ALMSICK, FRANZISKA: *Aufgetaucht*. Gustav Kiepenheuer Verlag, 2. Auflage, Leipzig 2004. ISBN 978-3-378-01072-7

BECKER, BORIS: *Augenblick, verweile doch* ... Autobiographie. Goldmann Verlag, München 2004. ISBN 978-3-442-15315-2

GRAF, STEFANIE/SCHMIDT, KARLHEINZ: *Wege zum Erfolg*. Midena Verlag, München 2001. ISBN 978-3-310-00614-6

HORENI, MICHAEL: *Klinsmann: Stürmer Trainer Weltmeister.* Scherz Verlag, 2. Auflage, Frankfurt/Main 2005. ISBN 978-3-502-15045-9

MAIER, HERMANN/OKRESEK,KNUT: *Das Rennen meines Lebens* – Autobiografie. Ullstein Verlag, Berlin 2005. ISBN 978-3-548-36798-9

MENDE, JENS: *Jürgen Klinsmann. Wie wir Weltmeister werden.* Südwest-Verlag, 2006. ISBN 978-3-517-08208-0

SCHUMACHER, MICHAEL/KEHM, SABINE/COMTE, MICHEL: *Michael Schumacher: Die offizielle und autorisierte Inside Story zum Karriere-Ende*. Verlag Süddeutsche Zeitung, München 2006. ISBN 978-3-86615-403-2

SCHÜTT, HANS-DIETER: *Steffi Graf: Superstar*. Sport und Gesundheit Verlag GmbH, Berlin 1993. ISBN 978-3-328-00581-0

Empfehlungen

CANFIELD, JACK/SWITZER, JANET: *Kompass für die Seele*, Goldmann Verlag, München 2005. ISBN 978-3-442-16666-4

CARNEGIE, DALE: *Sorge dich nicht, lebe!* Fischer Taschenbuch Verlage, 13. Auflage, Frankfurt 2003. ISBN 978-3-596-50692-7

CHEVALIER, BRIGITTE: *Effektiver lernen. Mehr Textverständnis, bessere Arbeitsorganisation, Prüfungen erfolgreich bestehen*. Eichborn Verlag, Nachdruck, Frankfurt/Main 2002. ISBN 978-3-8218-1566-4

CSIKSZENTMIHALYI, MIHALY: *Flow. Das Geheimnis des Glücks.* Verlag Klett-Cotta, 13. Auflage, Stuttgart 2007. ISBN 978-3-608-95783-9

EBERSPÄCHER, HANS: *Mentales Training. Das Handbuch für Trainer und Sportler.* Copress Sport Verlag, 7. Auflage, München 2007. ISBN 978-3-7679-0899-4

KALUZA, GERT: *Stressbewältigung. Trainingsmanual zur psychologischen Gesundheitsförderung.* Springer-Verlag, 3. Auflage/Nachdruck, Berlin – Heidelberg – New York 2004. ISBN 978-3-540-00868-2

METZIG, WERNER/SCHUSTER, MARTIN: *Lernen zu lernen. Lernstrategien wirkungsvoll einsetzen.* Springer-Verlag, 6. Auflage, Berlin – Heidelberg – New York 2003.

MÜNCHHAUSEN, MARCO VON: *So zähmen Sie Ihren inneren Schweinehund.* Campus Verlag, 5. Auflage, Frankfurt/Main 2002. ISBN 978-3-593-36922-8

MURPHY, JOSEPH: *Die Macht Ihres Unterbewusstseins*. Ariston Verlag, überarbeitete Neuausgabe, München 2006. ISBN 978-3-7205-2698-2

MURPHY, SHANE: *Die Kunst , erfolgreich zu sein. Acht Schritte zur persönlichen Bestleistung. dtv, München 2000.* ISBN 978-3-423-36195-8

TRACY, BRIAN: *Ziele setzen, verfolgen und erreichen*. Campus Verlag, Frankfurt/Main 2004. ISBN 3-593-37409-9